Branding

ブランディングは中小企業を救う!

思考を習慣化する心理学

櫻山貴文 著

セルバ出版

はじめに

本書を手にとっていただき、ありがとうございます。

手にしてくださったあなたなら、わずかでも「ブランディング」に興味をお持ちなのだと思います。

また、ご自身の会社を、もっとよくしたいと、素直に考えられているのかもしれません。先行きが不透明な時代、何から手をつけてよいのかわからないという方もいらっしゃるでしょう。

２０２０年、新型コロナウイルス感染症緊急事態宣言による不要不急の外出の自粛や休業要請等に始まる時代の大変革期をむかえ、今、すべての企業がその「存在意義」、すなわちあなたの会社でなければならない理由を問われているように感じています。

お客様の意識は、新型コロナウイルス感染症拡大前には戻らず、今後より本質的な要素にむけられ、変わり続けていくことでしょう。

そんな大変革期において、「ブランディング」は、あなたの会社の「存在意義」の確立と発信を推進する最強の取り組みです。

「ブランディング」は、大企業がそれなりのお金をかけて行う広告活動なのでは、と思われていますか？

いえいえ、「ブランディング」は、中小企業だからこそ始めるべき経営の最優先事項なのです。

私が定期的に主催する「ブランディング・セミナー」の参加者から、また「ブランディング」を実践する中小企業経営者の姿から、あることが確信にいたりました。

それは、本格的に「ブランディング」に取り組んでいるのは、まだまだ少数派であること。

だからこそ、先に始めたもの勝ちだということも。

本書は、ご自身の会社をもっとよくしたいと考えている中小企業経営者を対象にしたためました。もちろん経営者のみならず、変革をしいられているビジネスパーソンにも役立つ内容です。

弊社が支援した事例も紹介し、「ブランド」ならびに「ブランディング」の本質をお伝えします。

そして、大切なのは、気づきを実践すること。

そんな気づきを、楽しく、理詰めで実践できるよう、「ブランディング」にチャレンジしてみませんか。

「ブランディングは中小企業を救う！　日本を救う！」

本書が、皆さんの明るく豊かな未来の実現に向け、お役に立つことができれば幸いです。

2020年7月

未来ある中小企業をブランディングで支えたい　櫻山　貴文

ブランディングは中小企業を救う！　思考を習慣化する心理学　目次

第2章　「ブランディング」の王道ステップ

第3章　戦略の核心

第4章　経営課題、すべて「ブランディング」で解決できます

第1章

何からはじめる「ブランディング」

「ブランディング」とは、創業の思い・経営者としての社会的貢献意欲等が込められた「経営理念」、「経営戦略」に基づいて「ブランド」を構築し、育てあげる一連の取り組みです。

この章では、「ブランド」とは何か、そして「ブランディング」とは具体的に何をどのように進めていくことなのかお伝えします。

1 「ブランド」って何だろう

ブランドとは受け手の心の中に湧き上がったイメージと結ばれたもの

そもそも「ブランド」とは何なのでしょうか。

マーケティングの総本山AMA（アメリカ・マーケティング協会）のWEBサイトでは、こんな定義をされています。

「ある売り手の商品やサービスが他の売り手のそれと異なるものとするための名前・用語・デザイン・シンボルあるいは他の特徴のことである」

なんとなく、わかったような。

このように「ブランド」の定義を説明することは、なかなか簡単ではないように思えます。

また、こんな認識をお持ちかもしれません。

「ブランド」とは、高級品のことなのでは？

確かに「ブランド」が構築されているからこそ、高く売ることができるというとらえ方は間違いではありません。むしろ、これは大切なことです。

例えば、あなたの周りにある「ブランド」について考えてみましょう。

時計といえば「ROLEX」を連想する人もいれば、「SEIKO」、「HUBLOT」という人も。

バッグといえば「エルメス」、「グッチ」、「シャネル」、「ルイ・ヴィトン」。

車といえば「レクサス」、「メルセデス」、「フェラーリ」。

このような高級品のみならず、
コンビニといえば「セブン‐イレブン」、「ローソン」、「ファミリーマート」。

牛丼チェーンでいえば「すき家」、「吉野家」、「松屋」。

ミネラルウォーターといえば「南アルプスの天然水」、「いろはす」、「ボルヴィック」。

といった敷居が低いと思われるジャンルでも、様々な「ブランド」があるものです。

これだけ多様な「ブランド」が存在することからも、「ブランド」は受け手によって、そのとらえ方が変わるものと見ることができます。

実は「ブランド」の本質は、受け手、すなわちお客様側の心の中にあります。

「あのブランド、すてきだ」、「あのブランド、使ってみたい」、「あのブランド、手にいれたい」と受け手が心から感じてこそ「ブランド」といえるわけです。

このことから「ブランド」は、発信（企業）側の手の中には存在しないことがうかがえます。

例えば「私って、とてもオシャレなんですよ」と一所懸命訴え続けても、相手はたじろぐばかりで、オシャレな人以前に「あいつは、勘ちがいしている人」と思われてしまうのが関の山です。

「ブランドとは、受け手の心の中に湧き上がったイメージと結ばれたもの」といえます。

お客様が「喉が渇いたので何か飲みたい」という欲求(ニーズ・ウォンツ)が生じたときに、そのターゲットに、「炭酸水」という名詞ではなく、自社の「○○炭酸水」という固有名詞(ブランド)が選択肢として湧きあがってくるのが理想です。

「欲求が生じたときに、数ある製品・サービス群の中から、特定(自社)の製品・サービスを思いだして、実際に購入してもらう」

これが「ブランド」のあるべき姿であり、「ブランディング」が成功している姿でもあるのです。

「ブランド」は「選択基準」というとらえ方もできます。

七変化する「ブランド」

しかし、お客様の心の中は、そのニーズや事情によってコロコロ変わるものです。

例えば、家族4人で夕食をするとき、いつもはファミリー層向けの回転寿司店を選択するお父さん。同じお父さんでも、女性部下の昇格祝いの会食ではフレンチレストランという選択肢が、心の中にうかんだりします。

また、ビールといえば定番の銘柄と決めているビジネスパーソンが、仕事が上手くいった日の晩酌には、帰宅途中に少し高めのプレミアムビールを買いこんで一人祝杯なんて展開もありそうです。

普段はコンビニスイーツで満足しているスイーツ好きの女性が、ご褒美として有名パティシエの手づくりケーキを、わざわざ足を運んで買い求めることもあるでしょう。

このように、同じお客様でも、その状況により選択肢が変わってくるのは、当たり前のように起きているわけで、まさに七変化の様相です。

また「ブランド」は時代によっても、その受け取り方が変わってきます。

実際、主催するセミナーで「ゴホン。といえば」と尋ねると、40代以上の参加者はほぼ100％の確率で「龍角散」と答えてくれますが、30代以下の参加者は「風邪薬」「医者に行く」、中には「ゴホン。って、何ですか」という大変素直な反応を示してくれたりします。

このように「ブランド」とは世代によっても、タイミングによっても、環境によっても、コロコロ変わるという厄介なものです。

厄介といえば「ブランド」には階層があり、その種類も多様です。

「ブランド」の階層と種類

例えば、トヨタ自動車に注目してみると、その会社自体が「企業ブランド」であるととらえることができます。

トヨタ自動車の事業は「トヨタ」、「レクサス」、「GR」という3つのチャネルに分かれています。これは「事業ブランド」ととらえることができます。

その「トヨタ」事業のブランドには「乗用車」、「ビジネス車両」、「福祉車両」とカテゴリー分けされ、例えば「乗用車」であれば「コンパクト」、「セダン」、「ミニバン」等、さらに細分化されています。これらは「カテゴリーブランド」ととらえることができます。

そして、「コンパクト」カテゴリーの中には「アクア」、「パッソ」、「ヤリス」等、多数の商品ラインナップが存在し、これらは「製品ブランド」ととらえることができます。

他の業界に目を向けても、コンビニ業界であれば、最大手の「セブン‐イレブン」の場合、「企業ブランド」は「株式会社セブン&アイ・ホールディングス」。

その事業として「セブン‐イレブン」に代表されるコンビニエンスストア事業。

他にはスーパーストア事業、百貨店事業、専門店事業、金融関連事業があげられ、それぞれ「イトーヨーカ堂」、「そごう」、「西武」、「タワーレコード」、「セブン銀行」という「事業ブランド」として認知されています。

そのコンビニ事業に注目すると「セブンプレミアムゴールド」、「セブンカフェ」という「カテゴリーブランド」が有名です。

「セブンプレミアムゴールド」には、「金の食パン」、「金のビーフシチュー」、「金のロースハム」等の「金の○○シリーズ」や「すみれ 札幌濃厚味噌」、「一風堂 赤丸新味博多とんこつ」「山頭火 旭川とんこつ塩」等のプレミアムなカップ麺が「製品ブランド」としてラインナップされています。

それでは、ここで一度、「ブランド」の種類を整理してみましょう。

・企業ブランド
・事業ブランド
・カテゴリーブランド
・製品ブランド

そして、「ブランド」を別の側面から見つめれば「夕張メロン」、「魚沼産コシヒカリ」、「名古屋コーチン」等は「地域ブランド」。

「ゴアテックス」、「インテルのＣＰＵ」、「テフロン」等は、「技術ブランド」というくくりでとらえることができます。その効用としては、その技術を利用しているからこそ、製品・サービスの価値が高まるという働きがあります。

ところで、これら多岐にわたるブランドの種類を考えると、流石に有名企業の事例は、いずれも「ネーミング」が秀逸です。

自動車産業の場合、「ＣＡＳＥ革命」、「ＭａａＳ」に代表される事業環境変化から、近い将来、「トヨタ自動車」という名前を変更する可能性もあるでしょう。

実際、１９８２年に将来の生き残りを模索するうえで「トヨタ自工」と「トヨタ自販」が合併し、現在の「トヨタ自動車」が生まれました。そして、２０１９年から販売ディーラーでは、「トヨタモビリティサービス」という「ネーミング」が採用されていますので、本体の「トヨタ自動車」の新しい会社名（新しいネーミング）が生まれるのは、そんなに先のことではないかもしれません。

過去から現在に至るまで、世の中は大きく変化してきました。歴史の大きな流れの中で、新しい言葉や概念が次から次へと生まれてきました。それは、時代によって、求められる要素が大きく変化してきたからにほかなりません。「名は体を表す」という言葉がありますが、大変革期をむかえた今こそ、「ネーミング」のみならず「ブランド」そのものについて見つめ直す絶好のタイミングに恵まれたととらえるべきでしょう。

2 「ブランド」を構成する要素

「ブランド」を認識してもらうための9つの要素

「ネーミング」についてふれましたが、これは、「ブランド」が、他の商品・サービスの中から、区別して認識されるために使用する要素の1つです。

なお、「ブランド」として認識されるための要素は、次の9つがあるといわれています。

・ブランド名
・ロゴ、マーク
・色
・キャラクター
・パッケージ、空間デザイン
・タグライン
・ジングル、音
・ドメイン（URL）
・匂い

『ブランド・マネージャー資格試験公式テキスト』（一般財団法人ブランド・マネージャー認定協会著　中央経済社）85頁より転載

YouTube全盛時代、「動画」も「ブランド」を認識する要素の1つといえそうです。

また「色」については、意外な印象をもたれるかもしれませんが、実は「ブランド」を体現するうえで重要な要素の1つです。

例えば、「色」の代表といえば「ティファニーブルー」。

この色は「robin egg blue（コマドリの卵の青色）」と称され、米国をはじめ各国で商標登録されています。

そして、大切なのは、これらの要素にストーリーが盛りこまれていること。

例にあげた「ティファニーブルー」についても、ティファニー社WEBサイト「ティファニーの世界　ティファニーブルーボックス」によれば、

・1845年、創始者のチャールズ・ルイス・ティファニーによって選ばれた

・19世紀という時代背景（コマドリの卵の青色は、当時のターコイズ宝石人気にあやかった）

等、単に綺麗な色だからという理由で決められたわけではありません。

なお、前述の9つの要素のすべてを網羅する必要はなく、何を使用し創りあげていくかは、そのお客様によって異なり、取りあつかう製品・サービスによっても選択が変わります。

いずれにしても、区別するための手段ですから、企業側がコントロール可能なものでなければなりません。

想定するお客様層がその要素にふれたとき、自社の「ブランド」を思い起こしてもらえるのか、これがとても大切なポイントなのです。

また、必要であれば、「ティファニー ブルー」のように商標登録し（日本では、単一色の商標登録は難しい状況で、色彩の組みあわせの場合に登録事例があります）、万一のトラブル時は、法的保護を受けられるようにしておくことも検討すべきでしょう。

お客様と「ブランド」の接点と、理想の体験を設計する

どの要素で自社の「ブランド」を構築するのか決まったら、次はお客様が自社の「ブランド」に接したときに、どのような体験をするのが理想なのかを設計します。

例えば、旅行や出張で、飛行機を利用する場合、

- 計画を立てる
- ネットで予約する
- 予約確認メールを受け取る
- 座席を指定する

・搭乗手続をする
・手荷物を預ける
・ラウンジを利用する
・搭乗ゲートに案内される
・機内で出迎えを受ける
・座席に案内される
・機内で滞在する
・機内で見送りされる
・手荷物を受け取る
・お礼メールを受け取る

等、その航空会社の「ブランド」と接する機会がたくさんあります。広告媒体から発信されているイメージと、接する体験がマッチしていれば、その「ブランド」に対する信頼や好感度が増し、厳しい事業環境の中でも選ばれる確率が高まるのです。

一方で、いくらビジュアルイメージが洗練されていても、

・ネット予約がしづらい
・手荷物を預ける際に不快な思いをする

・ラウンジが洗練されていない
・機内で他のお客様といさかいが発生
・乗り継ぎしたら手荷物が行方不明
・利用後のお礼メールが粗雑

等、「ブランド」との接点でお客様がガッカリしてしまうと、自らの「ブランド」をおとしめてしまうことになります。

このように、広告媒体、ＷＥＢサイト等の販促活動から実際の利用体験まで、お客様と「ブランド」とのあらゆる接点の機会を想定したうえで、どのような体験をしてもらうのが理想なのかを設計し備えておくことは、大変重要な取り組みなのです。

そして、例にあげた航空会社にかぎらず、あらゆる業種・業態で「ブランド」を体現するにふさわしい行動の徹底が重要です。その行動は、社員の皆さん１人ひとりに委ねられています。

その「ブランド」にふさわしい所作（ふるまい・言動）を社員の皆さんが実践・徹底するには、社内に対する「ブランド」の浸透が必要不可欠です。いかに社員の皆さんに、その行動指針を定着させるかを考えたとき、「ブランド」の構築は本当に奥が深いと思い知るばかりです。

3 「ブランディング」って何だろう

そして「ブランディング」とは

一般的に、「ブランディング」は広告活動ととらえられがちなので、ついつい社外へ向けた活動に目がいってしまいます。しかし、ここまで読み進めてきた皆さんは、外部発信以上に、社内すなわち内部へ向けた取り組みが大切だと気づかれているのではないでしょうか。

そんな取り組みを推進する代表的なツールが、クレドカードです。「リッツ・カールトン・ホテル」や「かんてんぱぱ」の愛称で有名な「伊那食品工業」の事例は、広く紹介されています。

このクレドカード、皆さんの会社でも既に作成し、社員の皆さんに配布され、朝礼等で経営理念や行動指針を唱和しているかもしれません。

ところが、行動指針を印刷したクレドカードを携帯させてみたものの、社員の皆さんがそれにのっとった行動をとることは、なかなか簡単ではありません。

ではどのようにすれば、社員の皆さんが行動指針に沿って、主体的に「ブランド」を体現し、その「ブランド」にふさわしい存在になるのでしょうか。

そのポイントは「自社がお客様から、こう思われたい」という概念、すなわち「ブランド・アイデンティティ」を社員の皆さんが十分に理解し、行動指針におとしこむこと。

そのために、社員の皆さんと共に考え、意見交換し「ブランド・アイデンティティ」を体現するルールづくりを進めることが大切です。

そして「ブランディング」で成功している姿は、お客様の心の中で欲求（ニーズ・ウォンツ）が生じたときに、「数ある製品・サービス群の中から、特定（自社）の製品・サービスを思いだして、実際に購入してもらう」ことと説明しました。

つまり、「ブランディング」とは、次のように定義することができます。

『企業が製品・サービスによって提案したいブランド独自の価値「ブランド・アイデンティティ」と、消費者・顧客が心の中にいだく心象「ブランド・イメージ」を近づけ、一致させる活動』

『ブランド・マネージャー資格試験公式テキスト』（一般財団法人ブランド・マネージャー認定協会著　中央経済社）。69頁より転載。

こちらの定義から、「ブランディング」は、単なる外部に対する広告活動ではないことがおわかりいただけることでしょう。

「ブランド」は誰のためにある

ここまで「ブランディング」とは、外部発信以上に社内すなわち内部へ向けた取り組みが大切ということをお伝えしました。

それでは、そもそも「ブランド」は誰のためにあるのでしょうか。

商品やサービスを提供する企業（発信）側に決まっている。

そんな声が聞こえてきそうですが、ここまで、

「ブランドの本質とは、受け手、すなわち顧客側の心の中にある」

「ブランドとは、受け手の心の中に湧き上がったイメージと結ばれたもの」

とまとめていました。

例えば、小売店のビール売場を想像してみましょう。

日本の四大ビール・メーカーは、各々、数多くの銘柄をラインナップしています。

ちなみに、ある大手ビールメーカーのWEBサイトで、商品ページを閲覧すると、ビールだけでも、フラッグシップの商品にはじまり、ラインナップは10種類以上。選ぶだけでも、迷ってしまいます。そのうえ、ビールのみならず、発泡酒ならびに第3のビール（新ジャンルという位置づけ）と続きます。

これらのラインナップが、四大ビール・メーカーそれぞれに存在しているのです。しか

も、小規模のクラフトビール（地ビール）や輸入ビールの類が加わりますので、品揃えの豊富な売り場なら、１００種類以上のビール系飲料が販売されていることもあります。こんな状況から、自分が飲むべきビールを選ぶのは至難の業ともいえます。

ところが、「ブランド」を認知・識別できれば他の商品と区別でき、結果、自分が望む商品を選ぶことができます。いわゆる指名買いというものです。

このことを、マーケティング的には「探索コストの低減」といいますが、「ブランド」が識別されていれば、調べたり検討したりする労力を最低限におさえられます。

このように「ブランド」の受益者は、企業側のみならずお客様側でもあるのです。

「ブランド」が提供する価値と効能

ところで、お客様側が得ることができる価値は、マーケティング的にとらえると、「機能的価値」と「情緒的価値」に大別されます（「ブランディング」の大家、デビッド・アーカー氏は、これに「自己表現価値」という概念を加えています）。この視点で「ブランド」と照らしあわせてみましょう。

「機能的価値」とは、ブランド構築された製品やサービスそのものが提供する価値。

例えば、ノートパソコンのマーケットでは、Panasonic 社の「Let's note」シリーズは、法人需要の外回り営業をターゲットと見すえ、軽量化、防水性、堅牢性等「機能的価値」を重視することで、ビジネスパーソンから圧倒的な支持を集めました。

一方で、「Apple社の「Mac Book」シリーズは、既にロイヤリティをもつユーザーを中心に、おしゃれ、持っているとカッコいい、見た目が美しい、知的な印象、という「情緒的価値」を満たすことで、クリエーターを中心とした層から高い評価を受けています。

「Let's note」の場合でも、携行していると、その機能の高さのみならず価格設定等から、なんとなく「デキる人」というイメージを醸し出すので、副次的に「情緒的価値」も満たしているのかもしれません。

自分がどんな人間なのか、あるいはどんな人間でありたいのかを伝える、という欲求を実現するのに「ブランド」がサポートしているともいえます。

そういう意味で、成熟社会ともいわれる現代社会においては、「機能的価値」だけでは差別化することは困難であり、それを磨きつつどのような「情緒的価値」を提供できるかが、「ブランド」がもつ価値を左右するポイントといえます。

そして、ブランド構築が顧客側にもたらす価値は、「機能的価値」であれ「情緒的価値」であれ、その顧客のニーズといかに結びつくかが必要条件であることはあきらかです。

「ブランド・アイデンティティ」にもとづき、差別化を超え独自化に成功すれば、指名買いが起こる可能性が高まります。また、満足したお客様・消費者には、リピート利用や口コミの紹介が期待できます。

ここまでブランド・ロイヤリティが高まれば、企業側としてはしっかり参入障壁を設けることができますし、プレミアム価格での販売も可能となり、収益向上に大きく寄与することとなるでしょう。

さらに、リーガル的要素という意味で、商標登録、意匠権、著作権等にも踏みこむことで、知的財産権から収益を生み出す可能性もでてきます。

いずれにしても「ブランド」の価値を高めるには、社員の皆さんの姿勢と行動に委ねられます。

そして、「ブランド」の価値が高まれば、社員の皆さんのエンゲージメント向上をはじめ、次世代を担う人材の採用活動の推進力にもなり得ることでしょう。

また、その効果は社内にとどまらず、ビジネスパートナーとの協力体制をより強固なものにします。

このように、内部と外部に向け強いブランド構築に成功すると、自ずとビジネスが上手く回りはじめます。そこには、リーダーシップの発揮が必要不可欠であり、中小企業においては、トップ自らがその役割を担っていただく必要があります。

ブランド戦略

そして、真の強いブランド構築を目指すには、戦略的発想が不可欠です。

私が所属している一般財団法人ブランド・マネージャー認定協会では、その戦略を次のように定義しています。

『ブランドとは資産であり、経営戦略から一貫して派生するものです。企業戦略において、ブランド戦略はマーケティング戦略と一体であり、特にブランド価値を高めることに力点をおいて、マーケティング施策を計画、実行していく過程のことをブランド戦略と呼びます』

一般財団法人ブランド・マネージャー協会ＷＥＢサイト（https://www.brand-mgr.org/knowledge/#strategy）より転載

「ブランド戦略」をとらえるとき、まず、創業の思い・経営者としての社会的貢献意欲等を含めた「経営理念」が礎であり「経営戦略」が土台です。そのうえで、ロジカルに「マーケティング戦略」が打ちたてられ、そのアクションとして「コミュニケーション戦略」が展開されます。

また、これらのステップに沿って構築された「ブランド」は、とりまく環境変化に対しても存在価値を発揮するため、ＰＤＣＡサイクルをまわしながら絶えず育て続ける必要が

〔図表１　ブランド戦略とブランディング〕

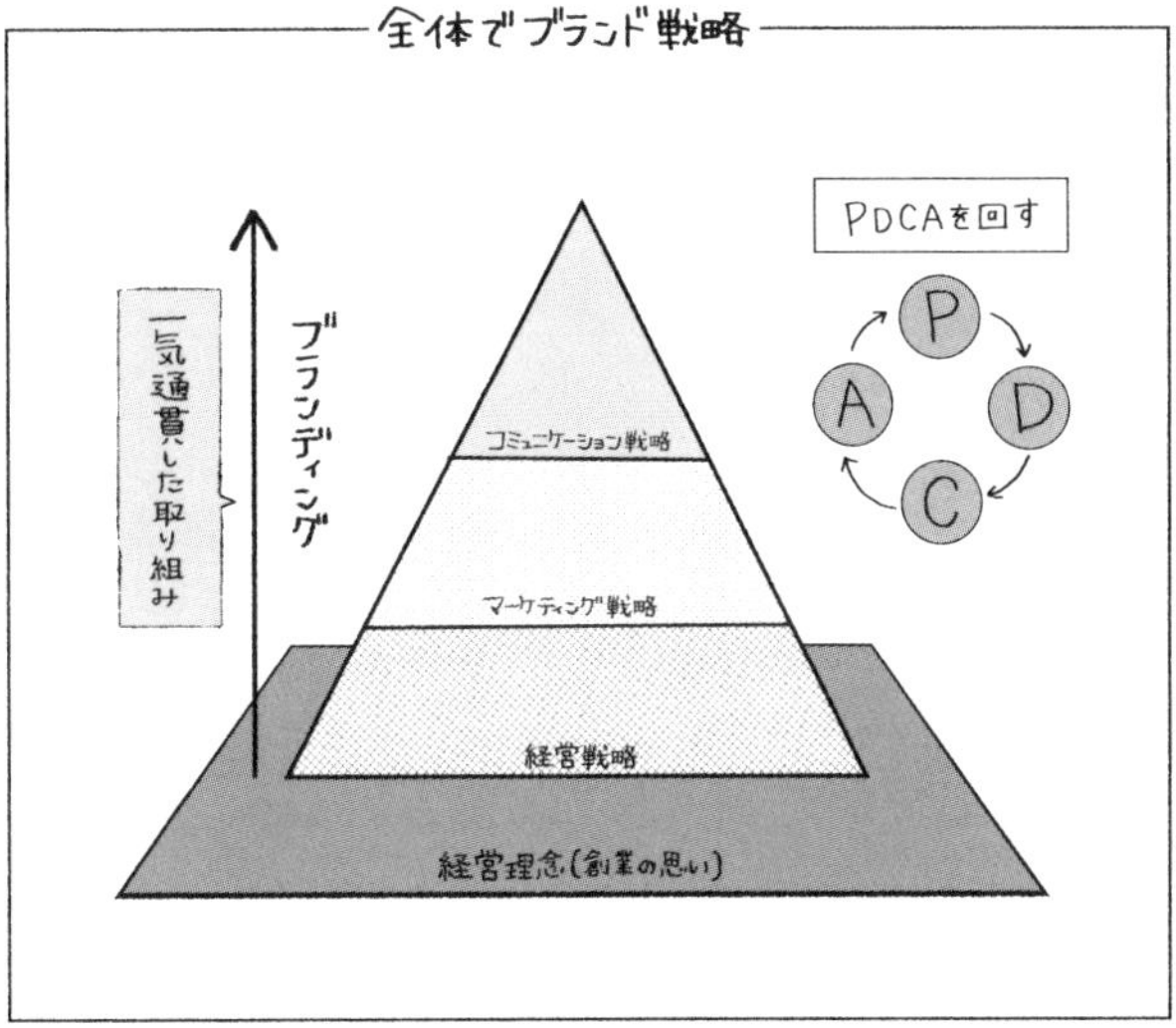

あります。「ブランド」は構築した時点から新たな取り組みがスタートするのです。

　そして、「ブランディング」とは、これらの一気通貫した取り組み全体の活動をさし、終わりなき取り組みともいえます。

※PDCAサイクル：Plan（計画）・Do（実行）・Check（評価）・Action（改善）を繰り返すことによって、業務を継続的に改善していく手法のこと。

　次章では、具体的な「ブランディング」の進め方、「ブランディング」の王道ステップについてお伝えします。

ところで、ここではわかりやすくＰＤＣＡサイクルを用いて説明していました。しかし、現代社会は先の見えない「ＶＵＣＡ」の時代ともいわれています。そんな中では、別のアプローチも選択肢の1つとして考えておきたいものです。

「ＶＵＣＡ」とはVolatility（変動性）、Uncertainty（不確実性）、Complexity（複雑性）、「Ambiguity」（曖昧性）の頭文字をとった造語で、元々はアメリカの軍事用語として生まれ、近年ビジネス用語としても使われるようになりました。事業環境が複雑性を増し、大変革ともいえる想定外の事象が次から次へと発生するため、曖昧で絶対的な正解が見えづらく、将来の予測が困難な状態をあらわす言葉です。

ＡＩをはじめとするテクノロジーの進化、そして新型コロナウイルス感染症にも象徴されるとおり、まさにわれわれは「ＶＵＣＡ」の時代の渦中にいます。そこでは、ＰＤＣＡサイクルのみでは対応しづらい場合があることも事実です。そこで、それに代わる有効な対応方法としてＯＯＤＡループというアプローチを紹介しておきます。

ＯＯＤＡループとは、Observe（観察）、Orient（状況把握）、Decide（意思決定）、Act（行動）の頭文字をとった理論です。客観的に観察・状況把握することで、健全な意思決定と行動を実現させ、急激な外部環境の変化に対し、より有効性を発揮すると思われます。

いずれにしても「ブランド」は、構築した後も絶えず丁寧に育て続けることが大切です。

第2章

「ブランディング」の王道ステップ

「ブランディング」は次の流れで進めていきます

「ブランディング」の目的と対象を定める

↓

「ブルーオーシャン」を探す

↓

「誰に対してどのような価値を提供するのか」を明確にする

↓

「ブランド・アイデンティティ」の構築

↓

「ブランド・アイデンティティ」の実現

1 「ブランディング」の目的と対象を定める

どういう意図でブランディングに取り組むか

さて「ブランディング」を進めていくうえで、まず取り組んでいただくことがあります。それは「ブランディング」の目的を明確に定めることです。

なぜ、どのような意図をもって「ブランディング」に取り組むのかということをあきらかにすることからはじめます。このプロセスなくしては、スタートできません。

・新事業を軌道に乗せたい
・新商材を売れる商品にしたい
・既存の商品に新たな価値を加えたい
・欲しい人材を採用したい
・社員一丸となって理想のチームの実現に邁進したい
・事業承継を円滑に行いたい

営業戦略面のみならず、組織戦略面がその目的というケースもあることでしょう。「ブランディング」を活用し、どんな経営課題を解決するかという目的を明確にするわけです。

ここで大切なのは、その課題に優先順位を定めること。特に中小企業の場合「あれもこれも」ではなく、「まずこれ」、「次にこれ」と1つひとつ解決していくことが大切です。

それには、まず経営理念に立ち戻ってください。その会社が最も大切にしていることと照らしあわせれば、自ずと絞り込みができ優先順位が定まります。

また「ブランディング」の目的を整理することで、企業として取り組むべきことが「見える化」してくることでしょう。

ところが、実際には残念な状況も少なからず見うけられます。

・経営理念がない・・・
・複数の経営理念のようなモノが存在する・・・
・そもそも何が大切なのか「言語化」されていない・・・

皆さんの会社でも企業理念、ビジョン、ミッション、バリュー、方針、コンセプト、行動指針等、いわゆる経営理念のようなモノで溢れかえっていませんか。

※「ビジョン」、「ミッション」、「バリュー」については、次章で詳しく説明します。

「ブランディング」に取り組むと決めたなら、まずはその点検ならびに整理からスタートしてみましょう。そのうえで、目的実現のために絞り込んだ経営課題から「ブランディング」する対象を決めるのです。

前章では一般財団法人ブランド・マネージャー認定協会の定義も参考にしながら「ブランディング」（ブランド戦略）とは、次のような取り組み全体をさすとお伝えしていました。

・経営者の思いから一貫して派生するもの
・「経営戦略」が土台
・ロジカルに「マーケティング戦略」を打ちたてる
・アクションとして「コミュニケーション戦略」を展開する
・ＰＤＣＡサイクルをまわし育て続ける

それでは「ブランディング」の目的と対象が見定まったことを前提に、次のステップに進みましょう。

2 「ブルーオーシャン」を探す

自社にとって明るい未来の市場を探す

「ブルーオーシャン」とは、競合相手が存在せず、自社の強みを通してお客様の役に立てるという、自社にとって明るい未来の市場です。

そのため、まず自社が置かれた事業環境の調査・分析に取り組み、現状把握につとめます。調査・分析といっても、高額な費用をかけて調査会社に依頼することではありません。中小企業だからこそ、ここは経営トップ自ら取り組んでください。

例えば、自社がコントロールできない世の中の変化について着目すると、政治的・経済的要因のみならず、少子化、ＡＩ普及・ロボット化に代表されるテクノロジーの進化等、あげはじめたらキリがありません。

また、分析に活用するフレームワークも、次のとおり有名なものがたくさん存在します。

・ＰＥＳＴＥＬ分析（自社をとりまく外部のマクロ環境を分析）
・３Ｃ分析（自社、お客様、競合という切り口で、自社をとりまくミクロ環境を分析）
・クロスＳＷＯＴ分析（自社をとりまく外部環境と内部環境を分析し、戦略策定に活かす）
・ファイブフォース分析（外部環境、主に競合状態を把握し、戦略策定に活かす）
・ＶＲＩＯ分析（自社の強みを市場における競争優位性としてとらえ、戦略策定に活かす）

ここで大切なことは、何もかもではなく絞ること。

貴重かつ有限な時間は、何に集中して充てるかが大切です。

異論は承知で、私なら「３Ｃ分析」に絞ります。そのうえで、必要に応じ他のフレームワークを用いるか否か検討すればよいでしょう。「３Ｃ分析」を進める中で、そこに社会的意義という要素を見つけることができれば、さらに有意義なフレームワークの実践です。

３Ｃ分析

「３Ｃ」とは「お客様（Customer）」、「競合（Competitor）」、「自社（Company）」という３つの要素を指し、その３つの環境についてそれぞれ、

・お客様（Customer）のニーズや不満はどのようなものか
・競合（Competitor）の提供サービスの強みと弱みは何か
・自社（Company）の強みと弱みは何か

という切り口で自社の現状を把握し、「事業発展の機会」がどこにあるのかを探り「ブルーオーシャン」実現への仮説を見い出すフレームワークです。

ここではお客様の「欲しい（ニーズ、ウォンツ、不満・不安・不快・不足等の解決、価値）」の本質を、その市場性もふくめて深く洞察します。

直接お客様から話を聞くとともに、そのお客様を観察することで、潜在的な「欲しい」の情報がキャッチできるはずです。

ここで大切なことは、明確に市場を定義することです。同じお客様であっても「欲しい」の要素は多様です。自社が役に立つことができる、お客様の「欲しい」は何かについてお客様の立場に立って考え抜きます。

定義するポイントは、次のとおりです。

・誰の
・どんな困り事の解決に向け
・どのように役に立つのか
という目的志向にもとづき、対象となる市場を定義します。

例えばスターバックス コーヒー（スタバ）とコメダ珈琲店（コメダ）では、カフェ業界でしのぎをけずるライバル関係ともみなされますが、その提供する価値は、世界観をふくめずいぶん異なります。

・商品の提供方法（スタバはセルフサービス、コメダはフルサービス）
・提供メニュー（スタバはドリンク重視、コメダはドリンク以上にフード充実）
・Wi-Fi 環境（スタバは原則全店舗完備、コメダは一部店舗のみ）

店内の内装や雰囲気については、いうまでもありません。

極論すれば、この両者では、ある意味市場が異なると、とらえることもできるでしょう。

このことから、「３C」の「Customer・お客様」を考えるとき、その市場における特性についてしっかり把握し「市場を定義」しておくことが必要です。

また、その市場は将来性があるのか、自社にとって適切な規模かというポイントもおさえていきます。

「ブルーオーシャン」を探せ

お客様の「欲しい」の設定、ならびに「市場の定義」が済んだら、早速自社の強みがお客様に刺さるポイントを探りたいところですが、その前に見きわめる要素があります。それが「Competitor・競合」です。

「Competitor・競合」を考えるうえでは、お客様の「欲しい」の設定同様、「競合の定義」をしっかり見定める必要があります。

お客様の「欲しい」の設定ならびに「市場の定義」を終え、「競合の定義」ができると、そこから「直接競合」そして「間接競合」の姿が見えてきます。

「間接競合」の事例といえば、町のケーキ屋さんの場合、コンビニというとらえ方がわかりやすいかもしれません。競合はどこに潜んでいるかわからない時代ですので、こちらもしっかりおさえておきたいところです。

最後に「Company・自社」の強みが、お客様の「欲しい」のどこに刺さるかについて考えを深めていきますが、ここで競合と強みが重なると、お客様からみれば同質化ということで価格競争におちいってしまいます。

事業発展の機会と思われた市場が、あえなく血を血で洗う「レッドオーシャン」状態になってしまうわけです。

〔図表２　３Ｃ分析〕

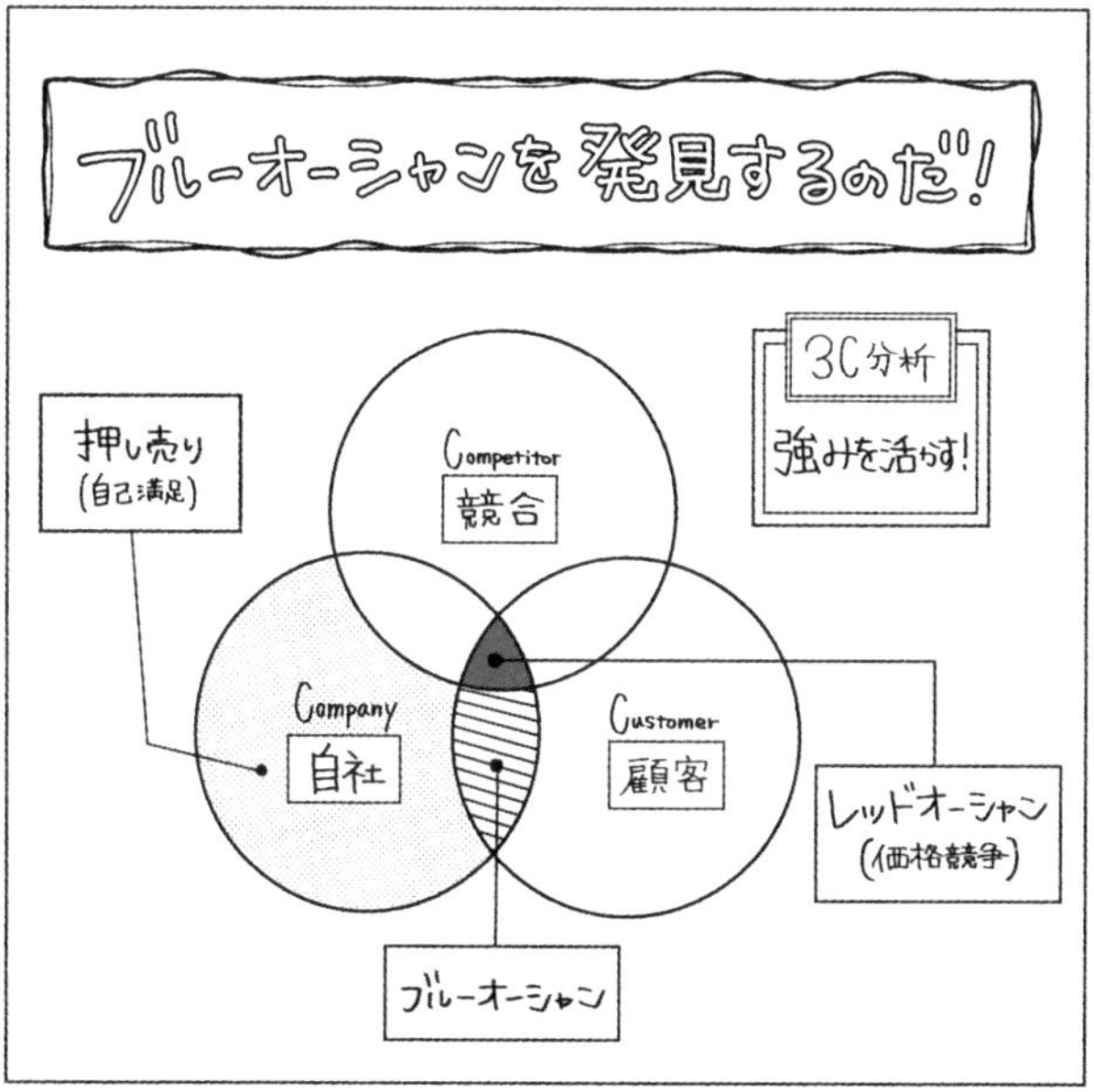

それを避けるために、競合が取り組まない、自社の強みが活かせる分野で、お客様の「欲しい」ポイントがどこかを探ります。そこが見つかれば、しめたもの。

そのポイントを、まさに「ブルーオーシャン」と見定め、「事業発展の機会」を仮説として文章に落とし込んでいきます。

経営資源が限られた中小企業が「何もかも」に取り組むのは最悪の打ち手です。まずは素早くはじめることが、確実に実りが多い最善の一手なのです。

私の経験上、そう確信しています。

私が経営する、株式会社サンコーの「事業発展の機会」は次のとおりです。ご参考ください。

『中小企業がかかえる、人材開発・事業承継・価格競争脱却・新事業展開という経営課題解決に向け、ブランディング支援という処方箋でアプローチしている競合は少ないと思われる。

中でも、ＢtoＢ業態を対象に、そのアプローチに特化している存在は、特に少ないように感じている。

また、一部の士業・地銀・印刷業等の衰退業種ならびに経営コンサルタント・Ｍ＆Ａ会社等と提携し、中小企業に絞ったブランディング支援に特化することは、付加価値の高い潜在需要（クロスセル・アップセル）にも対応でき取り組む価値が高く、その事業価値の息も長いと思われる。

また２０３０年を見すえると、リモート・ツールをフル活用することで、その商圏は名古屋近郊のみならず、活動領域は全国に広がるととらえることができる。

その機会を逃さないため経営資源を集中し、ターゲットを絞り込み、顧客価値の明確化と行動徹底を図ることで、未来に向け愉しく潤った仕事をする』。

以上、後半は、概念的な説明になってしまいましたが、この辺りは実践しながら身につけることが大切です。

その実践事例については、後ほど第４章でご紹介いたします。

3　「誰に対してどのような価値を提供するのか」を明確にする

コトラーに学ぶ「ＳＴＰ」

さて「３Ｃ分析」により「ブルーオーシャン」を見つけることができたら、「自社が誰に対してどのような価値を提供するのか」を明確にします。

ここで活用するのが、フィリップ・コトラーが提唱した「ＳＴＰ」というフレームワークです。「ＳＴＰ」とは、「セグメンテーション（Segmentation）」「ターゲティング（Targeting）」「ポジショニング（Positioning）」の３つの頭文字をとったもので、そのねらいは次のとおりです。

・市場を細分化して（Segmentation）
・細分化した市場の中から見込み客層を絞り（Targeting）

・自社の立ち位置を見きわめ、見込み客層に対する競争優位性を見つける（Positioning）

3つのプロセスに共通するポイントは、発見した「事業発展の機会」の仮説にもとづき進めていくことです。

できるだけ多くのお客様層をねらいたい、できるだけ多くの優位性を発揮したい、という気持ちはグッと抑えて「絞り込み」に集中します。

「セグメンテーション」は、見込み客層を絞り込む前に市場や消費者を一定の塊（セグメント）に分類しておき、深く考える「切り口」を探すプロセスです。シンプルに表現すれば「わけること」。

「ターゲティング」は、その「切り口」から自社とのマッチングを探り、見込み客層を絞り込むプロセスです。同じく、シンプルに表現すれば「選ぶこと」。

そして、「ポジショニング」はプロダクトアウト思考ではなく、マーケットイン思考でターゲットになりきり、独自性が発揮できる自社の立ち位置を見い出すプロセスです。

コトラーは、この「STP」を、「効果的に市場を開拓するためのマーケティング手法」として位置づけ、「自社が誰に対してどのような価値を提供するのか」という課題を明確にするために活用することを推奨しています。業種業態ならびに商材を問わず活用でき、人材採用という経営課題にも応用できますので、しっかり学んでみてください。

セグメンテーションとターゲティング

さて、「セグメンテーション」では、想定した事業発展の姿は、

・どのような市場で可能なのか
・収益を期待できる市場はどこなのか
・購買決裁権者はどんな人物なのか

を探しあてることを目的に、まず市場を切りわけていきます。

切りわけるテーマは無限です。大切なのは「セグメンテーション」の目的は、あくまで「市場をわけること」です。ここでボタンをかけ間違えると、後々のすべてのプロセスに影響を及ぼしてしまうという「マーケティング戦略」立案においては重要な位置づけなのです。

市場を切りわけることができたら、「ターゲティング」で絞り込みます。

ここで注意しておきたいのは、年齢、性別という切り口のみで済ませているとかなり問題です。

例えば、ターゲットを「アラフィフ〜60代前半の女性」と絞ったつもりのケースを考えてみます。

・独身
・独身（婚姻経験あり）

・専業主婦
・共働きキャリアウーマン
・高齢出産で小さな子供を持つ母親
・親の介護に従事する主婦

等、ダイバーシティの時代、「アラフィフ～60代前半の女性」の中にも様々なライフスタイル・価値観をもった人たちが混在し、必ずしもひとくくりにはできません。

その属性を絞りきらないと、ぼんやりとした訴求メッセージに終始し、結果真のターゲットに刺さらず、効果も十分見込めないことにおちいってしまいます。

それを避けるため絞り込みのポイントは、そのセグメントをねらうことに価値があるかどうかを判断軸にして進めます。その際「3C」で導きだされたアウトプットを確認することも効果的です。

「セグメンテーション」ならびに「ターゲティング」の目的は、自社の事業・製品・サービスを最も評価してくれるであろう見込み客を見定めることです。

そして「ブランディング」では、この見込み客を理想のお客様、すなわち「ペルソナ」として明確に描きます。社員の皆さんはじめ関わるすべての人が、「ペルソナ」を思い浮かべながら活動することが「ブランディング」の鉄則です。

ペルソナ設定

そもそも「ペルソナ」とは、ラテン語の「仮面」を意味する言葉が語源のようで、古くは演劇用語として使用されていました。その後、俳優が演じる「役割」という意味でとらえられるようになり、そこから転化して「他者から見た自分」という意味に落ちつきました。「ブランディング」に置きかえると、「ペルソナ」とは、そのブランドに対して長期的なファンになってくれることが期待される「理想的なお客様像」といえます。

そして、「ブランディング」において「ペルソナ」設定に取り組むメリットは、企業側の視点から、お客様目線で自社の「ブランド」を見つめやすくなることです。「ペルソナ」がもつストーリーや価値観のみならず、不安・不満・不快・不足という「欲しい」の本質要素を知ることで、「ブランド」としてどのように役に立てるのかが見えてきます。

ＢtoＢの事例にあたりますが、実際に私が描いた「ペルソナ」を確認いただきましょう。

図表３　ペルソナの例

◇基本情報

中川厚志　42歳　男性

職業　ダイカスト金型設計製造　株式会社中川工業所代表取締役社長
年収　1，200万円　世帯年収2，000万円
家族構成　父、母、妻、長女（小6）、長男（小3）
身長171センチ　体重69キロ（目標65キロ）　体脂肪率23％（目標19％）
愛知県大府市在住　持ち家・戸建て　移動は車中心
情報取集は、日経ビジネス、日本経済新聞、経営者仲間からの口コミ
趣味は、食べ歩き、家族旅行、読書（歴史モノ）、大河ドラマ視聴
不満・不安・不便　ティア2が元請も、EVシフトによる受注減の可能性
幸せに感じること　家族円満のうえで、自分の時間を楽しむことができるゆとりがあること

◇ペルソナストーリー

創業者・父一雄（72歳）の長男として、1978（昭和53）年、愛知県大府市で生誕。地元中学卒業後、県立高校から県内有名私大経営学部へ進学。自動車関連メーカー（ティア1）へ入社。28歳のとき、学生時代から交際していた妻・幸子と結婚すると同時に、中川工業所へ入社。主にルート営業を担当する。

入社10年目38歳のとき、父に大腸がんが見つかり、そのタイミングで社長に就任。顧問税理士のアドバイスから、父は代表権のない取締役会長へ。製造部門は、先代時代から責任者を任せられている吉田取締役（63歳）が工場長を兼任。

28歳に入社のタイミングで、地元の青年会議所へ入会。積極的に事業運営に関わることなく、40歳で卒業。現在は地元商工会議所青年部製造業部会に所属し、主に先輩経営者の事務サポートを担当。

現在の楽しみは、家族サービスが終わった日曜の夜、晩酌を兼ね好きな大河ドラマを視聴し、その後お気に入りの歴史小説に向き合うこと。

事業承継は、漠然と長男が継いでくれればと思っているが、テクノロジーの進化等の影響で、現在の主業務が最悪ゼロになることを予想する記事をビジネス誌の特集で読み、不安を感じている。

そんな姿を、先代の父は歯がゆくも、任せたのだからと温かい目で見守っている状況。求められれば、アドバイスは辞さない姿勢。

その一方で、本人は自分も会社も変革へと思いながら、何から着手してよいか決められず、モヤモヤした気持ちをいだき続けている。

ペルソナを一言で表すと〝変わりきれない悩める二代目経営者〟。いかがでしょう。こんな経営者、お近くにいませんか。実際に「ペルソナ」を設定する場合は、複数人で個々に描いた「ペルソナ」を情報共有しながら、合意形成していくことも大切です。そのうえで「ペルソナ」になりきって、自社のブランドとの関係性を考えていくことが必要です。

「ペルソナ」設定が完了したところで、その「ペルソナ」の心の中で、自社が独自性を築ける立ち位置を見つけるステップに進みます。

それが「ポジショニング（Positioning）」です。

ポジショニング

まず、「ブランディング」における「ポジショニング」を、改めて次のように定義します。「ペルソナ」の心の中で、独自性が築ける立ち位置を見つけること。他社と比較されることなく、「ペルソナ」に自社および自社商品を選んでもらうことをねらいます。

フレームワークとして、「ポジショニング・マップ」を活用しますが、ここではこだわりのチャンポン専門店を題材に、「ポジショニング」の軸について考えてみましょう。

〔図表3　ポジショニングマップ〕

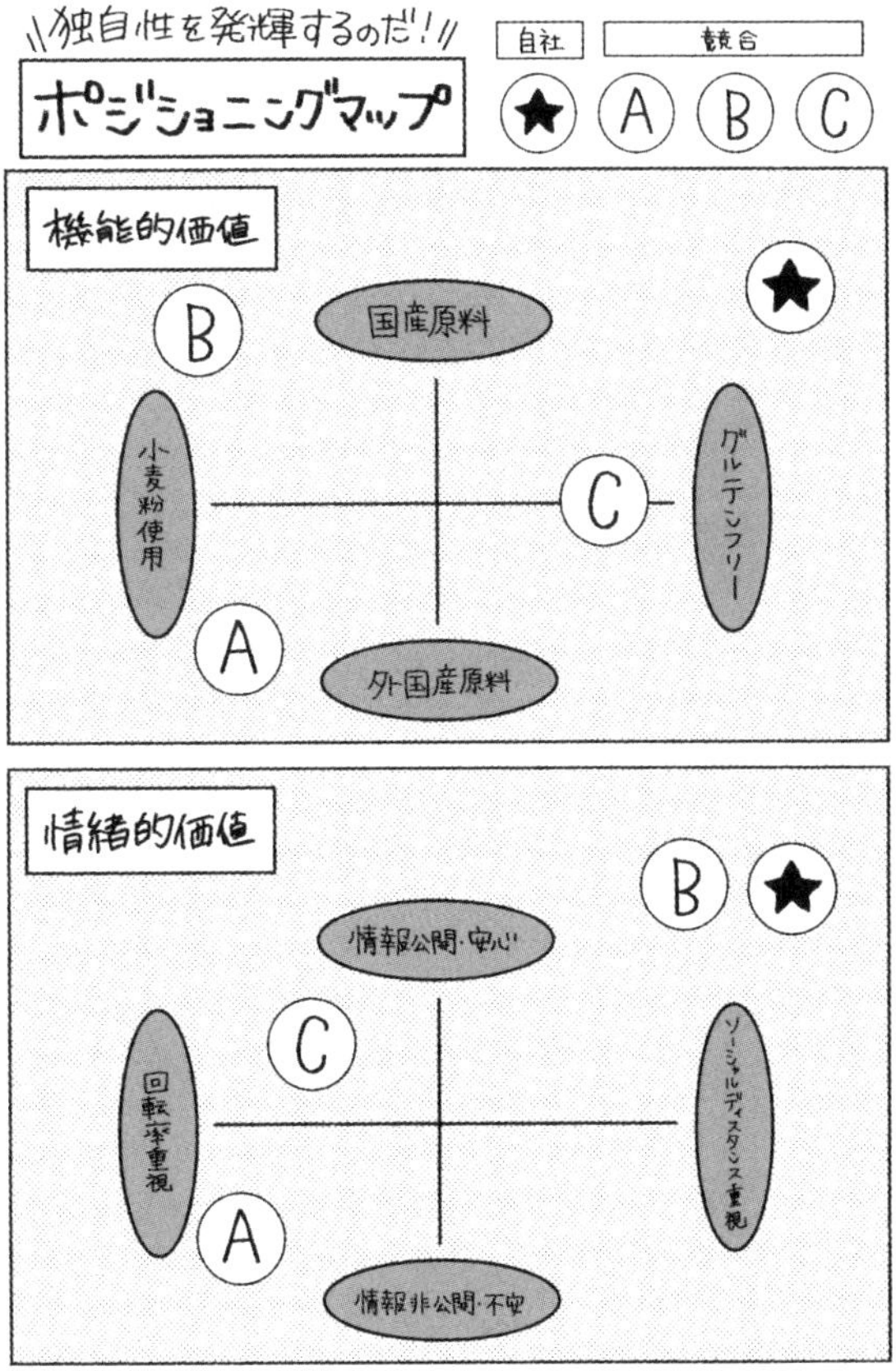

お客様が重視する価値の基本要素は、「機能的価値」と「情緒的価値」です。

原材料にこだわるという「ペルソナ」の場合、グルテンフリーの麺と国産野菜使用で独自性が図れると想定すると、「機能的価値の軸」は、

・原材料：国産　⇳　外国産

・特性：グルテンフリー麺　⇳　小麦粉麺

という要素が導きだされ、「情緒的価値の軸」は、

・雰囲気：安心（情報開示）　⇳　不安（情報非公開）

・店内：ソーシャルディスタンス重視　⇳　回転率重視

と、見出した要素と反対語を導きだし、それぞれ縦軸、横軸にとって、二次元座標を示したマップを作成します。そのうえで「３Ｃ」で想定した競合と自社のポジションを、座標空間上に位置づけ、独自性を発揮できるポジションを見定めます。

また、「情緒的価値」という面では、「ペルソナ」に響く「ネーミング」も有効な軸となります。「ネーミング」の効果については、次章以降で紹介します。

それでは、私が「ブランディング」のステップで最も重要と確信している「ブランド・アイデンティティ」の構築について進めましょう。ここが「ブランディング」の本質であり根幹でもあるので、「３Ｃ分析」同様しっかり学んでみてください。

4 「ブランド・アイデンティティ」の構築

ブランド・アイデンティティとは

「ブランド・アイデンティティ」とは、「ポジショニング」によって見いだされた自社の「独自性」を簡潔な言葉で表現したものです。自社が「ブランド」として「ペルソナ」にどのように認知されたいのかをあらわす「旗印」となる言葉ともいえます。

そして、この「ブランド・アイデンティティ」の構築が「ブランディング」で最も重要です。

イメージをつかみやすくするために、有名企業の事例をご紹介してみましょう。

ラグジュアリーなホテルの代表といえば、ザ・リッツ・カールトン。

こちらの「ブランド・アイデンティティ」は、『第二の我が家』です。

あの豪華なホテルが、『第二の我が家』なんて、そんな貴族みたいな人たちがどれだけいるの。

このような疑問の声も出てきそうですが、リピーターさんが車寄せに停車すると、ドアマンが、〝おかえりなさいませ〟と声をかけるという伝説からも、スタッフ全員で「ブランド」を体現していることがうかがい知れます。

つまり、カタチある豪華なハードの部分ではなく、カタチのないホスピタリティあふれたソフトの部分で、『第二の我が家』という「ブランド・アイデンティティ」を実現されているわけです。

ここで、ポイントについて整理しておきましょう。

「ブランド・アイデンティティ」は、いわゆるキャッチコピーではないので、奇をてらった言葉やインパクトのある言葉で表現する必要はありません。

「ペルソナ」が親和性をいだくと同時に、「ペルソナ」と接する社員の皆さんが、具体的にどのように振る舞えばよいかイメージしやすいことが望まれます。

また、思い浮んだものが、いまひとつしっくりこないようであれば、一旦「3C分析」まで戻って事業環境を俯瞰し、必要であれば「事業発展の機会」を再度見なおしたうえで、整合性に問題がないか検証することも必要でしょう。

優れた「ブランド・アイデンティティ」は、求心力があり、企業の成長の推進力になると確信しています。「ブランド」の成功は、力強い「ブランド・アイデンティティ」を導きだせるか否かに委ねられているといっても過言ではありません。

そして、「ブランド・アイデンティティ」は、

・何のために仕事をするのか

〔図表４　ブランド・アイデンティティ〕

・誰の役に立つのか
・どのように役に立つのか
・何によって憶えられたいか

という、企業の社会的存在意義を、シンプルかつ凝縮して表現した「ブランディング」の軸となるメッセージなのです。

新型コロナウイルス感染症を経験した世の中だからこそ、「ブランド・アイデンティティ」をしっかり掲げ、場合によっては見直しを図ることが大切です。その成果として、新しいお客様のみならず既存のお客様との関係性がより深まることが期待できるでしょう。

5 「ブランド・アイデンティティ」の実現

さて「ブランド・アイデンティティ」が構築できたら、「ペルソナ」が心の中にいだく「ブランド・イメージ」を、その「ブランド・アイデンティティ」に近づけていきます。

「ブランド名」、「ロゴ、マーク」、「タグライン」等を決め、自社の「ブランド」が「ペルソナ」と接する際にどのような体験をしてもらうのが理想なのか、これらについて「ブランド・アイデンティティ」を軸に具体的に設計していきます。

経営課題が「採用」の場合

例えば、最優先の経営課題が「採用」の場合、「ブランディング」の対象は「企業ブランド」です。

この場合、「ペルソナ」（理想とする人材）が是非入社したいと思うよう。自社の魅力を確実に伝え、入社へとつなげることが目的です。

ここで活用するのが「マーケティングの４Ｓ」という共創の視点に基づいたフレームワークです。その「採用」について照らし合わせていきましょう。

・Service（サービス　製品＝モノという概念ではなく、サービスという体験価値＝コトの提供）：合同説明会や会社説明会等の「採用イベント」
・Story（物語　お客様と企業がともに育むブランドストーリー）：入社後、どのように働き成長していくのか、期待感をいだいてもらうストーリー
・Specialty（専門・独自性　唯一無二の存在としてお客様に特別感をいだいていただく）：ブースの空間デザインやタペストリー等のブース装飾のみならず、現場を担当する社員の皆さんのユニフォームの統一や当日の人員配置を含めた、独自性を伝えるイベントのシナリオづくり
・Subscription（お客様本位　長くお付き合いすることでお客様のことを深く知り、お客様のためを考え、お客様のために独自サービスを進化させる仕組み）：「採用担当者の教育」「インターンプログラムの設計」「内定式」「入社前研修」等人材育成の仕組み

「マーケティングの４Ｓ」は、企業とお客様が手を携え共に価値を創りあげていくアプローチです。そこには、パートナーシップを大切にするという思いが込められています。

まず目的達成のために、合同説明会や会社説明会等「採用イベント」を企画設営します。並行して「ペルソナ」が入社後活躍するシーンを容易にイメージできるよう、キャリアアップを重ね成長するストーリーも設計します。

そのうえで、未来を見すえた自社の世界観を空間で表現するブースを設営し、ユニフォームの統一や対応するキーマンの人選も考慮し、「ブランド」との接点に工夫をこらします。

また、イベント後「ペルソナ」とコミュニケーションを深めるうえで必要な「採用担当者の教育」「インターンプログラムの設計」「内定式」「入社前研修」等の企画立案も大切な要素です。

「採用」を経営課題に見すえた「ブランディング」では、「採用案内パンフレット」、「採用案内WEBサイト」、「採用案内動画」等を活用する、「ペルソナ」へ向けた外部への発信も大切ですが、むしろそれ以上に、内部、すなわち社内へ向けた取り組みが大切です。

応募者の中から、是非とも入社して欲しい「ペルソナ」を見きわめるためには、社内における「ペルソナ」の情報共有が前提条件です。また「ブランド・アイデンティティ」に相応しい所作、言動を体現するため「採用担当者の教育」は最優先事項です。

このように「採用」という経営課題の解決には、社内へ向けた取り組みが大変重要な役割を担います。

また「採用」においては、入社後の教育プログラムとも連動して設計するべきものなので、まさに最重要な経営課題への取り組みともいえるでしょう。

ここまで「マーケティングの4S」を通して、どのようにして「ブランド・アイデンティティ」を実現していくかお伝えしました。

しかし、「ブランディング」は、これで終わりではありません。

いつまでに、どのくらいの実績を目標とするのかを明らかにし、関係者と共有することが必要です。

「採用」で考えてみれば、イベント参加者数、会社訪問数、内定辞退率等、成果に直結する指標（数値）を目標設定します。

また、やるべき行動の実践度、共通言語の浸透度、「ペルソナ」の理解度確認、入社後間もない離職率等、社内で取り組むべきことについても同様に目標設定します。

そのうえで、次のような具体的な実践項目があがってくることでしょう。

社外向けであれば、

・イベント参加者を増やすために、ＷＥＢサイトをリニューアル

社内向けであれば、

・「ブランド・アイデンティティ」の共有／浸透に向けた社内教育の実施

そして、これらの取り組みは、一朝一夕にできあがるものではありません。企業全体で、実践、検証、改善を繰り返します。すなわちＰＤＣＡサイクルを回し、場合によってはＯＯＤＡループも活用することで、「ブランド」を育てあげていくのです。

ここでは「マーケティングの4Ｓ」という考えを紹介しましたが、これは私がオリジナルで考案したアプローチです。おそらく読者の皆さんも初めてふれた概念でしょう。

従来この段階では「4Ｐ」と呼ばれるフレームワークが用いられました。「4Ｐ」とは、

・Product（製品）
・Price（価格）
・Place（流通）
・Promotion（告知）

という4つの言葉の頭文字をとったもので、企業側の視点に基づいています。ここに、お客様側の視点に立った「4Ｃ」、すなわち、

・Customer Value（お客様にとってどんな価値をもたらすのか）
・Cost（お客様がその価値を手に入れるのにかかる負担）
・Convenience（お客様がその価値を手に入れる容易性）
・Communication（お客様と「ブランド」が双方向にコミュニケーションを図る仕組み）

という要素を組み合わせ「ブランド・アイデンティティ」の実現を図るのが一般的でした。

大変革の時代だからこそ、あえて「4Ｓ」という新しいアプローチで「ブランディング」を進めていくことに共感し、皆さんが実践してもらえれば、大変嬉しいことです。

第3章

戦略の核心

それでは「ブランディングの王道ステップ」を簡単におさらいして、本質論に踏み込んでいきましょう。

「ブランディング」の目的と対象を定める
←
「ブルーオーシャン」を探す
←
「誰に対してどのような価値を提供するのか」を明確にする
←
「ブランド・アイデンティティ」の構築
←
「ブランド・アイデンティティ」の実現

1　ビジョン、ミッション、バリュー

前章35頁で触れた企業理念、ビジョン、ミッション、バリューについて確認します。

ビジョンとは

まず「ビジョン（英 :vision）」について考えてみましょう。その語源はラテン語の<videre>（ヴィデーレ：見る）。日本でも外来語そのまま「長期ビジョン」等と使われています。ちなみに国語辞典で「ビジョン」をひいてみると、「将来のあるべき姿を描いたもの。将来の見通し。構想。未来図。未来像。」（『大辞林』第3版）とあります。

その派生語として代表的なのは、「テレビ（television）」〈tele（遠い）＋vision（〈像を〉見ること）〉がすぐに思いつきます。

この「ビジョン」ですが、数多の経営書やマーケティング関連本やＷＥＢサイト等では、「実現を目指す、将来のありたい姿」という説明がなされているようです。また「ミッション」との関係性では、「ビジョン」はその下位概念であるという位置づけがされていることがほとんどです。

尊敬するＰ・Ｆ・ドラッカーも、遺作『ネクスト・ソサエティ』の中で「これからの企業は、ミッション、ビジョン、バリューを定め、組織全体で明確な存在意義や価値観を共有できている状態が望ましい」と説かれていますので、やはり下位概念としてとらえているようです。

また「ありたい姿」ということでは、「ビジョン」が「目標」にすり替えられているという極端なケースも多く見うけられます。

これについて、以前より私がいだいていた違和感から解き放してくれたのが、社会起業家・田坂広志さんの著書の中で出逢った文章でした。

『「ビジョン」とは、「これから何が起こるのか」についての「客観的思考」である。それは、「Vision」という英語の語義とおり、「見通し」や「先見性」「洞察力」という意味の言葉である。すなわち、「ビジョン」とは、未来に対する「客観的思考」であり、「主観的願望」や「意志的目標」ではない。それは、「これから、こういうことを起こしたい」という願望でもなければ、「これから、こういうことを起こそう」という目標でもない。「ビジョン」とは、どこまでも、「これから何が起こるのか」についての、客観的・理性的な思考であることを理解する必要がある』

『知性を磨く』（田坂広志著　光文社新書）１２３頁より転載

「ブランディング」では「ビジョン」は、『これから何が起こるのか』について洞察力と想像力をフルに働かせ、独自にその世界を描くことなのです。将来「こうなりたい」という願望でも利己的な野心でもありません。

本書では、次のように定義します。

「ビジョン」　これから何が起こるのか、洞察し、想像することで描き出す未来の姿

ミッションとは

続いて「ミッション（英：mission）」は、その語源は、ラテン語の<mittere>（ミッテレ：送る、つかわす）にあるようです。キリスト教では、イエスが弟子たちに与えた「遠方へ行き、福音（＝よい知らせ）を広く人々に伝える」という使命と位置づけられているようです。

ビジネスシーンに置きかえても、まさに自分自身の存在意義を伝えるという「使命」にあたります。遠方の人々とは、これからご縁を深めていくお客様のことにほかなりません。また、未来のお客様のみならず、その対象は存在意義を伝える担い手である社員の皆さんならびにビジネスパートナーも含まれ、しっかり浸透させねばなりません。また「使命」というからには、「ビジョン」で描いた未来の社会を想定し、できるだけ大ぶろしきを広

げて表現し掲げてみたいものです。

本書では、次のように定義します。

「ミッション」　描いた未来の姿において、果たすべき社会的使命。存在意義

バリューとは

そして、「バリュー」は、その語源はラテン語の<valere>（ヴァレーレ：強い、健康な）にあるようです。「強み」が健全な「価値」に変換されたわけです。ちなみにvalereから派生した英単語にはevaluationやprevailがあるようです。evaluationは、日本語で「評価」を意味します。「評価」とはその対象のよしあし、つまり「価値」を定めることです。またprevailは、日本語で「普及する」を意味します。「普及する」は、その「価値」を浸透させるという意味としてとらえることができます。

ところで、この「バリュー」についても、数多の経営書やマーケティング関連本やＷＥＢサイト等では、「組織が大切にしている価値観、文化、強み」という説明を見かけます。

ここでは、「ビジョン」の場合ほど目くじらを立てるつもりはありませんが、「バリュー」においては「価値観」という観念に止まらず、「行動」に直結する表現でありたいと感じています。本書では、次のように定義します。

「バリュー」　ミッションに基づき、業務を通して提供される価値

そして大きな枠組みでとらえれば、「バリュー」には価値観、文化、強みに加え、社是、社訓、信条、行動指針等、その企業の特性に合わせて浸透しやすい表現をすれば構わないのです。

ところで、日本語では「価値」という単語でひとくくりにされてしまいますが、価値を表現する英単語には「バリュー<value>」の他に「ワース<worth>」という言葉があります。このworthは、名詞用法以上に形容詞として使われることが多いのですが、valueが比較対象を前提にした「相対的価値」という意味に対し、worthは普遍的な価値、つまり「絶対的価値」という意味です。どんな時代でも変わらないという不変の価値ともいえます。

そして「ブランディング」では、それ自身が変化の激しい時代を乗り越える取り組みであることからも、「バリュー<value>」としてとらえるべきと理解できます。

私が経営する株式会社サンコーの「ミッション」「ビジョン」「バリュー」は、次のとおりです。

ビジョン　　中小企業がブランディングを活用し続けることで、世の中が輝き続ける

ミッション　未来ある中小企業に、ブランディングリテラシーを普及・浸透させる

バリュー　　お客様（中小企業経営者）の伴走者としてブランディング支援し続ける

〔図表５　ビジョン・ミッション・バリューの構図〕

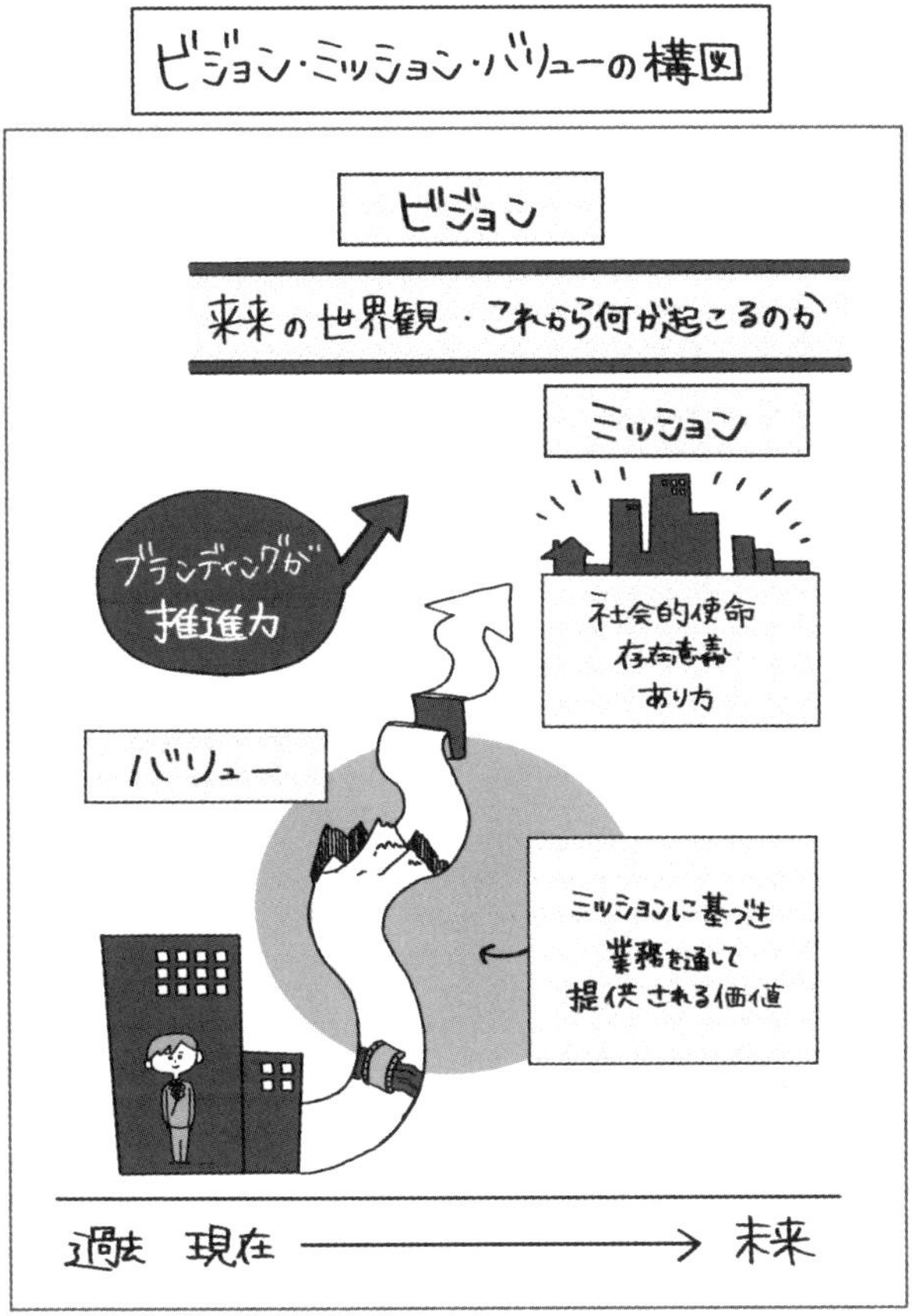

これらは、私の次の思いと直結しています。
「ブランディングは中小企業を救う！　日本を救う！」
「未来ある中小企業をブランディングで支えたい！」

2　はじめに言葉ありき

ネーミング

さて、第1章で「ブランド」を構成する要素を9つ紹介していますが、その最初に「ブランド名」があるように、「ブランディング」では何をおいても「言葉」による表現を優先させます。

はじめに言葉ありき

というフレーズを耳にしたことがあるでしょうか。この世は神の「言葉」によってつくられたということを意味するもので、新約聖書の「ヨハネによる福音書」の冒頭の記述を日本語に訳した表現です。

そして、繰り返しになりますが「ブランディング」においても、まずはその目的を「言葉」で表現することからはじまり、「ブランド要素」においても「言葉」から着手します。

そのトップバッターは「ネーミング」。

例えば「ブランディング」の対象を企業全体とした場合、起業・スタートアップというタイミングでなければ、社名を変更する「リブランディング」がそれにあたります。

世界に冠たる「ソニー」の場合、創業時の社名は東京通信工業株式会社というものでした。

その後、「ＳＯＮＹ」というブランドを「ネーミング」開発し、トランジスタラジオをはじめ製品すべてに「ＳＯＮＹ」というマークを付けたところ社名以上に浸透してしまい、結果社名変更に至ったようです。

そして、「ソニー」は、２０２１年4月に社名を「ソニーグループ」に変更することが決まりました。約60年ぶりとなる社名変更には、創業時のエレクトロニクスはじめ半導体、エンターテイメント、金融といった多岐にわたる事業体の内部的事情と、どんな時代になっても生き残ることができる、グループという複合事業体を目指すという思いがこめられているようです。

また、製造業における社名変更の成功事例では、日本光學工業株式会社がニコン、精機光学研究所がキヤノン（読みはキャノン）、理研感光紙株式会社がリコーと、有名企業が目白押しです。ちなみにこの中では、キヤノンだけが旧社名と関連がなさそうに感じられますが、実は１９３４年に最初に作った小型カメラが「KWANON（カンノン）」という商品名でした。これは、観音菩薩のご慈悲にあやかりたいという思いから名づけたといわれています。なかなか信心深い経営者だったようですね。

その後、世界進出を見据え、名称を変更することになりました。その際に「経典」「正典」「規範」という意味をもち、「正確」を基本とする精密工業の商標にふさわしいこと、「KWANON」に響きが似ていることから、「CANON」という商標が生みだされ、後に社名にも採用されたようです。

社名にも、ストーリーがしっかりこめられている典型例といえます。

一方、アパレル業界に目を向けると、ユニクロ、GUを展開するファーストリテイリング社も、当初は小郡商事という、当時の商圏である山口市の地名にちなんだ社名でした。その後「ユニーク・クロージング・ウエアハウス」（略称・ユニクロ）事業が大当たりし、社名を「株式会社ファーストリテイリング」に変更しています。

注目すべき点は、英文表記では「Fast Retailing Co., Ltd.」と「Fast（ファスト）」にもかかわらず、日本の法人名は「ファースト」としていること。この辺りの柔軟さもトップリーダーの柳井さんの懐の深さを表しているようです。

いずれにしても、「ネーミング」を考え抜き、その「ブランド」にふさわしい言葉が見つかれば、値千金ともいえます。

3　変化に向き合う4つのレベル

4つのレベルとは

事業環境変化に応じて、チャンスを見い出すために変化対応するのは、「ネーミング」だけに限りません。

私が主催するセミナーでは、おなじみのテーマなのですが、「変化に向き合う４つのレベル」という概念をご紹介します。

レベル１　変化を知り、素早く対応する
レベル２　変化を予測し、準備する
レベル３　変化を楽しむ（変化に強い体質になる）
レベル４　変化を自ら起こす

レベル1　変化を知り、素早く対応する

レベル１については、競争が激化するガソリンスタンドを考えてみましょう。

例えば、同じ商圏のライバルスタンドが、今週に入って、価格表示を１２０円から

110円に変更したとしましょう。自社は、先週まで117円という価格設定で販売をしていたので、価格競争力を訴求できていましたが、このままでは新規客を獲得することは難しそうです。そこで、急遽価格表示を117円から107円に変更し、価格設定変更の連絡は、追って店長からオーナー経営者へ連絡するというような話です。

もちろん、原価率の問題や裁量権の問題、またそもそもの経営戦略を考慮すると、こんな単純な話はありえないかもしれませんが、「変化を察知したら、速攻で行動に移す」ことができるというレベルです。

レベル2　変化を予測し、準備する

続いて、レベル2は、新型コロナウイルス感染症拡大に際してまのあたりにしたケースです。

2020年に猛威を振るった新型コロナウイルス感染症の報道は、2019年12月末にはじまりました。正月休みが明けたあたりから、WHOに関する記事が目立ち始め、翌1月中旬には中国国内でのマスク不足が報じられることになりました。情勢が急変したのは、横浜港に停泊していたクルーズ船内でのクラスター発生です。その頃には、マスク不足が報じられるようになり、トイレットペーパー不足も加わり、ドラッグストアは一時パニック状態と化しました。

そんな中、第一報から、起こりうる事態を想定し、品不足の前に、マスクや除菌用アルコールを備蓄していた企業や家庭もあったようです。まさに変化を予測し、準備する事例です。

レベル３　変化を楽しむ（変化に強い体質になる）

レベル３は、昔から「小売りは変化対応業」といわれるとおり、時代の変化によってその姿を変え続けるイメージです。

例えば、昭和の古きよき時代、まだコンビニが存在しなかった頃、町内には必ず個人経営の商店がありました。しかし、１９７０年代から大手資本がコンビニの出店攻勢をしかけると、個人経営の商店からフランチャイズにくらがえし、生き残りを図る商店が増えてきました。

そんな経営者の中には、オーナー経営者として多店舗展開を目指す才覚を発揮して、変化を楽しみながら事業拡大をした方もいることでしょう。もちろん、それなりのリスクを背負っての選択ですので、事業経営に失敗してしまった事例もあることでしょう。

それでも、多くは難局を乗り越えることで、変化に強い体質を身につけてきました。

コンビニを考えると、今後は無人化への対応も求められますので、そんな変化も楽しむことができる経営者が生き残る可能性が高いと思います。

レベル4　変化を自ら起こす

そして、レベル4は、自らイノベーションを起こすイノベーターという存在で活躍する姿です。

世の中に存在しなかった製品、サービスならびに市場を創造するという意味では、1人の起業家がリーダーシップを発揮して世に送り出したスマートフォン事業は、その代表的なものといえます。

以上、変化に向き合う4つのレベルということで、簡単にお伝えしましたが、レベル4の姿をわかりやすく、表現している名言をご紹介します。

「未来を予測する最善の方法は、それを発明することだ」

パソコンの父、アラン・ケイの名言ですが、こちらは

「変化を予測することは、それを自ら起こすことだ」

と言いかえることができます。

アラン・ケイの名言のとおり、未来の姿は、1人ひとりが変化を楽しむべく、つくり出

すのが理想です。

4 「ブランド」を確立させる3つの問い

3つの反応

２０２０年代は、新型コロナウイルス感染症に象徴される疫病、天災のみならず、ＡＩに代表されるテクノロジーの急速な進化もあいまって、社会の変化が一層予測しづらいどころか、人類の将来がどうなっていくのかも全く予測できない様相です。

この新しい現実をまのあたりにしたわれわれですが、その反応は３つに大別することができます。

１つ目が、変化に過剰に反応し過ぎるタイプ。

変わることが目的になってしまい、存在意義について本質的に深く考えないまま、思考停止状態で思いつきの行動に走ったり、周りを煽って過激なメッセージをＳＮＳ等で発信したりする方々です。

２つ目が、変化しなければいけないと思っていても、本気で行動に移せないタイプ。

様々な情報に触れ、危機感をいだきながらも、１つ目のタイプ同様、その本質は何かという問いを持たないまま、変化しているつもりになって、流されている状態の方々です。やはり、こちらも思考停止状態といえます。

3つ目が、生き方、働き方の本質は何も変わっていないことを認識したうえで、そのスタイルを変えていくタイプ。歴史観、人間観、世界観につき、日ごろから教養を深めていること。問いを自ら設問でき、自らの存在意義につき、本質的に考えたうえで、見定めることができるタイプといえます。

その本質は変わらないという意味では、是非ご紹介したい事例があります。

第2章でもお伝えしていたとおり、「ブランド」を確立するためには「誰に・何を・どのように」という「3つの問い」が重要です。つまり「誰のために・何に・どのようにこだわるか」を決めなければなりません。

ここでも、大切なのは「言葉」です。第1章の「ブランド」を構成する要素では「タグライン」とご紹介していましたが、ここでは、自社の強みを活かせる特定のニーズに応えることに注目し、また時代の変化にも敏感に反応する必要があります。

「うまい・やすい・はやい」という牛丼の吉野家の認知度は、相当高いものですが、実は時代のニーズに合わせて、そのフレーズの順番を変えてきています。

「牛丼一筋、80年」という懐かしいCMを記憶している方もいらっしゃると思いますが、吉野家の歴史は、関東大震災後に東京・築地市場内に店を構えたことにはじまります。

当時から忙しい魚河岸の人の胃袋を満たすには、提供スピードが命。しかし、食のプロを相手にするからには味の妥協も許されない。そんな創業の精神から、１９５８年に「はやい、うまい」のコピーをつくりました。

その後、このコピーはこんな変遷をたどります。

高度成長期、多店舗化を視野に入れ、「やすい」が加わり、
はやい、うまい、やすい（１９６２年）。

バブル経済を経て、消費者の味を求めるニーズが高まり、「うまい」を先にして、
うまい、はやい、やすい（１９９４年）。

バブル崩壊後、デフレが定着したあたりから、「やすい」が昇格して、
うまい、やすい、はやい（２００６年）。

そして、現在（２０２０年７月）でも、公式ＷＥＢサイトには、

「うまい、やすい、はやい。」

というタグラインが、ロゴマークとセットで表示されています。

また、その公式ＷＥＢサイトには、

『今後とも「うまい」が最優先であり続けることは変わりありません。「うまい」は競争

力の生命線だからです』。

と時代が変化しても、最優先事項は変わらないという矜持を表明しています。

確かに「やすい」が一番先になったことがないことからも、そのことが証明されているようです。

このように、自社の強みを活かせる特定のニーズに応えることを徹底的に重視し、その強みを「3つの魅力」として整理してみることは、なかなか効果的ですし、真似されにくいともいえます。「誰に・何を・どのように」という「3つの問い」に立ち返り、考えてみることが鉄則です。

5　自分の強みを活かすという危険性

供給者視点よりも消費者視点

ところで、この「強み」を活かすことについては、十分注意をしなければいけません。皆さんはビジネス本や経営セミナー等で、「強みを活かせ」と教えられてきたと思います。

しかし、それを鵜呑みにしてしまうと、ついつい「供給者視点」にとどまってしまいがちです。「消費者視点」を見失ってしまうことは、ビジネスにおいては致命的です。

自分たちが「これは凄い技術だ」「これは売れるに違いない」と思っていても、お客様にニーズ・ウォンツがなければ、単なる押し売りです。しかも、既に似たような商品やサービスが存在することも予想できます。

進め方としては、お客様（Customer）から考えること。

つまり、これから役に立ちたいお客様は、どんな困り事をかかえているのか、何を求めているのか、からスタートするという話です。ここは「３Ｃ分析」のおさらいです。

続いて、世の中に競合と思われる商品・サービスが既に提供されていないか、もしくは開発中ではないかという情報にアンテナを立てます。後発組として市場参入すれば、最初から価格での差別化を求められてしまいます。

自ら価格競争というレッドオーシャンを生み出し、業界にとっても迷惑な事態を招くことになりかねません。

「自分の強みを活かす」という教えを鵜呑みにして、経営ならびにビジネスの舵取りをすることが大変危険であり、世の中にとってもいかに迷惑であることを、心得ておいてください。

新型コロナウイルス感染症を経験した新しい世の中では、より社会的意義が重視されるということからも、そのリスクは増すばかりです。

捨てる勇気、貫く覚悟

さて「自分の強みを活かす」とは、「特長を打ち出す」ともいえ、それは何もかもではなく何かに集中することです。こだわる、とがる、ともいえそうです。

何にこだわるかを決め、それ以外のものは捨てる勇気と貫く覚悟が必要です。

そのうえで、選び抜いたものを磨きあげ、「とがらせる」ことです。

私は、京都の町が大好きです。経営者の勉強会仲間も多く、一人娘が京都の大学に通っていたということもあり、過去に数十回は入洛しています。そんな京都でよく耳にするのが「一見さんお断り」というルールです。はじめは、流石、京都、ずいぶん高飛車なものだと思いましたが、このルールはお互いさまの心の表れだということを知りました。

「どんなお客様なのかわからない人を、心を込めておもてなしできない」

という考えです。

お客様がどんな人で、何が好きなのか、何が嫌いなのか。それらの基本情報がわかっていて初めて、その人に喜んでもらえるための心づくしのサービスが提供できるというものです。

初めてのお客様でも、常連さんや知っている方の紹介であれば、あらかじめどんなタイプの方なのか、情報収集も可能ですので、お客様に満足してもらえる確率が高いというわけです。

また、お客様を紹介するということは、紹介されるお客様の保証人でもあるといえます。紹介されるお客様は、紹介する人が恥をかかないようにきちんとする。また紹介する人は、紹介したお客様が迷惑をかけた場合でもその責任を取る。そして、その責任が取れない場合は紹介しない。

紹介する人が同行するようであれば、もてなす側もさらに安心して心づくしのサービスに集中できますし、Win-Win の関係が成立します。

これは、京都のお店に限ったことではなく、ある意味すべてのビジネスに当てはまります。

手前味噌ですが、私がブランディング支援するお客様も、ご依頼のほとんどが紹介からのご縁です。

月に一度開催している、ブランディング・セミナーの参加者も、ほぼ紹介で占められます。お客様はもちろん、お世話になっている士業（弁理士、税理士、社会保険労務士等）の先生や、経営コンサルタントの先生から、途切れることなくご紹介をいただきます。

私のブランディング支援を活用することで、顧問先がよりよくなって欲しい、成長して欲しいという気持ちの表れであると受けとめ、意気に感じて向き合うことがよいサイクルを生み出しているのではと思っています。

しかし、まれに捨てる勇気を試されることもあります。

紹介された方の事業目的が明確でない、何がやりたいのか定まっていない、軸になる思いが感じられないという場合は、せっかく紹介されても丁重にお断りします。

出発点が定まっていなければ、そもそも「ブランディング」を進めることができませんし、責任を持った仕事をすることができないからです。

すべての方々をお客様にすることはできません。また、その必要もありません。

何もかもは、何もできないこと

そんな中、私のセミナーのアンケートで「お客様を絞ることに不安がある」「お客様を絞ると売上が減るのではないか」という記述が見うけられます。この点は、限られた時間のセミナーですが、しっかりお伝えできていないという意味で反省しなければいけません。

「目先の数字をあげる」ことが大切なのか、「理想のお客様に喜んでいただき、そこから喜びの輪が広がる」ことが大切なのか。スタート時点でしっかり、お伝えしていかねばなりません。

それでは、そんな理想のお客様をどのように絞り、選べばよいのでしょうか。

そのプロセスは、既に第2章の「ペルソナ設定」でお伝えしていました。ここでは今一度、大切なことをおさらいしておきましょう。

そのことで「捨てる勇気」を持つ方が増えるかもしれません。

「ペルソナを設定する」とは、「理想のお客様を選ぶ」という行為にほかなりません。

それは、自社がお客様に選ばれる前に必要な準備作業ともいえます。

そもそも、あなたは、そしてあなたの会社は、どんなお客様に対して役に立てているとき、一番楽しく一番幸福感を得られるのでしょうか。心の底から、よいサービスを提供したいと思えるお客様はどんな対象でしょうか。

なぜ、そのお客様が理想的だと思ったのでしょうか。

一緒に仕事ができると楽しそうだから。

一緒に仕事ができると成長できそうだから。

たくさん儲けさせてもらえそうだから。

理由は、様々ですが、それぞれの立場で、そのお客様の喜ぶ顔を思い浮かべながら、理想的と思った理由を書き出してみましょう。

そして時間が許す限り、何度もイメージを膨らませてください。

理想のお客様と楽しく仕事をすることで喜ばれ、金銭的報酬に加え新しいお客様を紹介されるという喜びの連鎖が生まれ、結果自身も会社も成長しているというシーンを思い浮かべてみましょう。

理想の顧客像を見定めて、そこに集中し、求められた貴社独自のサービスを心を尽くして提供することが好循環の源です。

そのお客様は大企業でしょうか。中小企業でしょうか。それとも個人でしょうか。対象が異なれば、進むべきアプローチも異なります。大企業であれば、経営層に直接向き合うことは難しそうです。

あなたの会社のサービスを採用する決定権を持っている方は、どんな方でしょうか。イメージを膨らませてみてください。

中小企業であれば、向き合うべき方は、社長でしょうか。それとも工場長でしょうか。場合によっては、決定権者は社長の配偶者かもしれません。

個人であれば、どのエリアに住んでいる方でしょうか。その家族構成は、そして収入は。趣味はどんなもので、何をしているときに幸せを感じる方なのでしょうか。

これらを可能な限り突き詰め、イメージすることで、理想のお客様との接点を見つけることができます。少しトレーニングが必要かもしれませんが、やればやるほどアプローチの精度が高まることは間違いありません。

そのうえで、自社が独自性を発揮できる立ち位置、すなわちポジションはどこかということについて、考えを深めます。

理想のお客様を選ぶとは、「一見さんお断り」同様、その「言葉」のみをとらえれば傲慢に受け取られるかもしれません。しかし、選び、選ばれ、喜ばれ、紹介が生まれることが仕事のやりがいにつながり、さらなる高品質のサービスを提供することで世の中の役に立ち続けるという幸せの連鎖に繋がるのです。

このステップは、既に第3章でお伝えしたとおりです。

いずれにしても、なくてはならない会社になるためには、「ブランディング」が不可欠だと断言できます。

6　あなたの会社がなくなって一番困るのは誰ですか

会社なんてさ、簡単に潰れんだよ

東京商工リサーチ社のウェブサイトの記事を確認すると、２０１８年に倒産した企業の平均寿命は23・9年という数値が公表されています。新卒で入社して、１つの会社で勤めあげるのが、いかに大変かという現実を如実に物語っています。

ずいぶん前から、「企業の寿命は30年」と流布されていますが、特に平成以降、バブル崩壊、金融危機、リーマン・ショック等金融経済面のみならず、阪神大震災、東日本大震災等自然災害を被って、記憶に新しいところでは新型コロナウイルス感染症による外部環境変化により廃業を余儀なくされるケースもあり、その平均寿命はどんどん短くなっているという印象です。

「会社なんてさ、簡単に潰れんだよ」

とは、不朽の名作と誉れ高い、NHK土曜ドラマ「ハゲタカ」において、名優松田龍平扮する起業家・西野治氏が呟いた名セリフですが、黒字でも資金ショートすれば、また繁盛していても人手不足が廃業の引き金となるように、企業が様々なリスク要因に晒されているのはご承知のとおりです。

マクロ的な変化要素を見わたしても、

・アメリカの景気後退
・中国の経済成長率の鈍化
・イギリスのEU離脱処理の混迷
・中東の情勢不安
・新型コロナウイルス感染症

等、悲観的な要素が目白押しです。

しかし、企業が淘汰されはじめるのは、今にはじまったことではなく、変革の波に飲み込まれ、消えていった大企業が数多く出てきました。私の大学時代のゼミ関係者の就職先でも、不祥事を起こして廃業を余儀なくされた大手食品メーカー、長期信用銀行と共倒れした大手リース会社、不良債権処理が追い付かず倒産した都市銀行等、バブル崩壊以降、90年代には当たり前のように潰れていきました。

故に、事業環境がパラダイムシフトを迎えた今こそ、前年比を基準にした戦略設計や経営計画ではなく、中・長期的な視野を身につけ、「ブランディング」に取り組むことで、新しい価値を創造することが求められるのです。

あなたの会社がなくなって、一番困るのは誰ですか。それはなぜですか

それでは、実際に身近に起こりうる変化について考えていただきましょう。早速、質問です。

『あなたの会社がなくなって、一番困るのは誰ですか。それはなぜですか』

そんなの他人事、と軽く受けとめないでください。現実は先ほどの状況からおして知るべしです。

「そりゃ、自分が困るに決まっている」

もちろんそのとおりですが、しかし経営者であれば、まず社員の皆さんが困る、取引先が困る、お客様が困ると、答えてもらいたいです。

『あなたの会社がなくなって、一番困るのは誰ですか。それはなぜですか』

一所懸命働いていただく社員の皆さんには、老若男女、家族の有無にかかわらず、それぞれの生活設計があるはずです。ボーナスが出たら、正月旅行の軍資金に充てたい。毎月5万円ずつ貯金して、結婚資金を蓄えたい。金銭面のみならず、働き甲斐が重要視される現代社会においては、そんな社員の皆さんの精神的支柱を奪ってしまうことにもなりかねません。

取引先の立場を考えてみても深刻です。

製造業であれば、下請けメーカーとして、貴社向けの在庫を少なからずかかえていることでしょう。貴社向けに、積極的な設備投資を行ったばかりかもしれません。場合によっては、多額の売掛金が貸し倒れになってしまい、財務的ダメージを負わせてしまうことも予想できます。

お客様の立場に立って考えてみると、いかがでしょう。飲食業であれば、大切な仲間との忘年会を予約していたにもかかわらず、当日になって店舗が閉まっていたなんてことになれば、幹事さんのメンツは丸つぶれです。ＢtoＣのみならずＢtoＢの世界では、より深刻といえるかもしれません。

製造業であれば、サプライチェーンの一翼を担う場合は、特に責任重大です。

もちろん、東日本大震災等、大型自然災害時の教訓からリスクヘッジの仕組みは整備されているかと思いますが、発注を担当する元請の担当者の狼狽ぶりは、簡単に想像できるのではないでしょうか。

いずれにしても、事業を担うということは相応の重責を担っているものであり、だからこそ事業環境の変化にしっかり対応して、永続することに大きな価値があるのです。

続いて、お客様の立場にフォーカスして、もう少し突っ込んだ質問をいたします。

『もしあなたの会社がなくなったら、一番困るお客様は誰ですか。それはなぜですか』

お勤めの営業パーソンであれば、粗利額が一番大きなお客様を思い浮かべるという発想も許されるかもしれません。しかし、経営者であれば、もう少し仕事人として矜持を持って向き合っていただきたいところです。プロダクトアウト的な発想ではなく、マーケットイン的な発想で考えてみましょう。

貴社を誰よりも必要としているお客様は誰なのか。

そこに貴社の存在価値が詰まっているはずです。そこにこそ、効果的な「ブランディング」を進めるヒントがあるのです。この点については後ほどお伝えしますので、ここではあくまで設問に素直に向き合ってください。

一方で、経営者として誰の役に立ちたいのか。

これは、プロダクトアウトおよびマーケットインという発想から超越した、事業に対する思いの部分です。そもそも何のために、誰のために事業をするのかという根っこが整理され、明確化されていないと、肝心なタイミングでブレが出てきてしまいます。

イメージが湧かない方は、答えを保留したままで構いません。その代わり、次なる極めつけの質問に向きあってください。

『その一番困るお客様は、どれくらいの時間で代わりの会社を見つけることができますか』

いかがでしょうか。おそろしい質問だと感じられませんか。

この3つの質問は、私が主催するブランディング・セミナーで、参加者に必ず問いかけるものです。

以前も、こんなケースがありました。セミナーでは、私が一方的に話す（情報発信する）スタイルではなく、インタラクティブな双方向のコミュニケーションを心掛け、楽しんで受講いただくことを重視しています。

その経営者は、アイスブレイクから中盤まで、明るく元気よく積極的な受講姿勢で、臨んでくれていました。質問を投げかければ、大きな声でご自身の考えやお気持ちを返していただき、講師を務める私としても、よい空気を醸し出していただき、大変助かっていました。

しかし、この３つ目の質問、

『その一番困るお客様は、どれくらいの時間で代わりの会社を見つけることができますか』

を投げかけたところ、突然、黙り込んでしまったのです。

あまりの変わりように、当初、体調を崩されたのか心配になり、

「どうされました。空調が利きすぎて寒いですか」

と声がけしたところ、ポツリとこんな言葉をもらしました。

「ウチのお客さんは、一瞬でウチの代わりを見つけてしまうでしょうね・・・」

それは、一大事です。

驚いて、お話をうかがうと、その会社（以下Ｂ社）の業態は、いわゆる問屋業で、全国の染物屋さんを主要なお客様に、木綿の原反をメイン商材として提供していました。

ところが、Ｂ社さんでのみ取り扱い可能な商品は皆無のようで、例えばＢ社さんに電話

が繋がらなかったり、ＦＡＸやメールの返信が滞っても、原反を製造するメーカーさえ把握できれば、

「Ｂ社さんにオタクの原反を発注したいのだけれど、全然反応がなくって困っているんですよ。どうなっているのですか」

「Ｂ社さん、先月末に不渡りを出してしまいまして。でも、大丈夫です。他の代理店さんを紹介しますので、そちらに発注してください」

という展開が、容易に想像でき、黙り込んでしまったのです。

しかし、これは他人事でしょうか。

考えてみましょう。世の中に特約店と称して商いされている問屋業は、星の数ほど存在しています。特約店なのでメーカーサイドが、テリトリーをしっかり管理している場合もあるのでしょう。

ＣtoＣが当たり前の世の中です。メーカーとしても、生き残りを迫られている時代です。いつまでも既得権を担保できる時代ではありません。そんなビジネス環境の変化において、いかに向き合うのかが問われている時代です。

そんな中、「差別化」が大切だという経営者もいらっしゃいますが、「差別化」だけではいつか追いつかれてしまう運命にあることは、３つ目の質問を深く洞察することでわかり

ます。

戦略の核心・・・ハーバードの教え

実は、前項の3つの質問は、ハーバード大学のシンシア・モンゴメリー教授が「Putting leadership back into strategy（邦題：戦略の核心）」として発表された論文で投げかけられ、実際ハーバードビジネススクールのエグゼクティブプログラムでも質問されるようです。

①『あなたの会社がなくなって、一番困るのは誰ですか。それはなぜですか』
②『もしあなたの会社がなくなったら、一番困るお客様は誰ですか。それはなぜですか』
③『その一番困るお客様は、どれくらいの時間で代わりの会社を見つけることができますか』

ここで彼女が強調するのは、「企業価値とは何か」ということです。

大切なのは、「差別化」ではありません。中小企業は、限られた経営資源の中で、切り盛りするケースがほとんどです。

お客様は身勝手なものです。厄介なことは「差別化」できていると思っていても、お客様は、ちょっとしたキッカケで他社と比較するものです。また、「差別化」できていると思っていたポイントが、お客様の心変わりや事業環境の変化により、その「差別化ポイント」に全く価値を見出すことがなくなってしまったというケースも容易に想像できます。

お客様は変わりやすく、「差別化戦略」は安定的ではないことが理解できます。

この変化の激しい時代、どんなことに取り組むべきなのか。

それは「独自化」であり、これこそが「ブランディング」の要諦です。徹底的にお客様にこだわり、絞り込む必要があります。

新型コロナウイルス感染症拡大をうけ、「ブランディング」に求められる要素が新たに加わりました。

その会社は、社会に必要なのか。

「誰に対してどのような価値を提供するのか」を明確にしたうえで、「社会の課題解決にどのように貢献していくのか」という理念をしっかり発信し伝える必要が生まれたのです。

未来に向けた「独自化」の姿を「見える化」することであり、そんな意味でも「ブランディング」が担う役割は、益々大きくなるばかりです。

「ブランディング」（ブランド化）に成功すると、競争がなくなり「独自化」の世界に入っていけます。

経営資源に限りのある中小企業だからこそ「ブランディング」に取り組み、ブランド構築を目指しましょう。次章ではそんな事例をご紹介します。

第4章

経営課題、すべて「ブランディング」で解決できます

これまで「ブランディング」について、主に営業施策的側面から語ってきました。

しかし、実際の企業経営における課題は営業だけでなく多岐にわたり、それらも「ブランディング」で解決できます。

そこでこの章では、これまで弊社が手掛けた「採用」、「事業承継」、「新事業進出」に関するブランディング事例を紹介します。

1　採用ブランディング

理想的人物の採用に注力する

近年、多くの中小企業が、人材採用を課題にあげています。

既に「ブランド・アイデンティティ」構築を学んだ皆さんには、予想がついているかもしれませんが、企業が求職者に「こう思ってもらいたい」という「ブランド・アイデンティティ」と求職者が企業に対していだく「ブランド・イメージ」を限りなく近づけるために取り組むすべての活動が「採用ブランディング」です。

採用活動では、求職者の企業へのエントリー数を増やすアプローチが一般的に推奨されますが、中小企業となると事情は少々異なります。

闇雲にエントリー数を増やすアプローチをしてみたところでその分手間もコストも膨大にかかりますし、その結果対応しきれないほどのエントリーがあれば、その対応にあたる現場の社員の皆さんの労力は相当なもの。しかも満足な対応ができないとなると、求職者にマイナスの印象を与える恐れすらあります。

中小企業が「採用ブランディング」に取り組む場合、そもそも必要以上のエントリー数は目指しません。その代わり「採用したい理想的人物像」と「その人物が興味をいだく刺激と体験の設計」に徹底的に力を注ぎます。

例えば採用予定2名というケースを考えれば、極論すれば採用したい理想的人物が相思相愛で2名エントリーして、その2名をしっかり確保すればよいという話です。

それでは、弊社が支援した事例を紹介いたします。

製造業の事例

名古屋市守山区にある株式会社東名技研は、二代目である現社長の熊崎宏重さんが、持ち前のアイデアとバイタリティで高収益企業に事業転換された優良企業です。

その経営理念は、

「機械(機会)創造わくわく企業」

熊崎社長が、自ら旗を掲げられました。

事業内容は、主に大手製造業をターゲットにした専用機の設計および製作。生産性の向上、省力化等、大手製造業のニーズにオリジナルのミニロボットを設計提案し、お客様の製造ラインに組み込むことでお客様の課題解決を実現されています。

とにかく、仕事があり過ぎてたまらないという東名技研。ミニロボットの製造現場は、社員の皆さんを中心に従事されている一方で、熊崎社長がお客様対応にはじまり、社員の皆さんと手分けしながら設計からプログラミング、そして肝心な社長業とマルチな働きで切り盛り。

そんな姿を見るに見かねた顧問経営コンサルタントの先生が、弊社に相談、ご紹介いただきました。

まず訪問ヒアリング時、既存の採用ツール（リーフレット等）を確認したところ、独自性に富んだ会社の魅力を伝えきれていないことが判明。採用する学生のターゲティングも曖昧で、運任せという採用状況を改善する必要がありました。

ヒアリングの結果から、処方箋は「採用ブランディング」で即決。

目的の再確認をしたうえで話を深めていくと、現有の社員の皆さんが、パートさんも含め全員文系出身者であることが判明したことに注目。

続いて「3C分析」等の環境分析から、新卒採用市場における市場機会仮説を導き出すことができました。

そもそも、優秀な理系の学生を採用するのは至難の業。

そんなレッドオーシャン市場に切り込んでいっても、明るい未来は描くことができません。

東名技研の強みの１つは、熊崎社長が教え上手という点。

全くの未経験者でも、設計、プログラミング、そして組立製造と社員の皆さんからパートさんまで担当しているのです。

実は、ここにこそ熊崎社長の「適性さえ持ち合わせれば、未経験でも能力を発揮いただけるはず」という人間観があるのです。

それでは、その仮説を確認してみましょう。

「優秀な理系学生は、大企業の求人が集中することから、文系の学生にターゲットを絞って、大学を訪問する。そのうえで、学生向けに東名技研の理念ならびにビジョンを発信できる場所・機会を探し出す（エリアを限定した合同説明会はもちろん、可能性として、友人が教授・講師等で勤務する大学の授業等）。

その接点から、会社に興味を持った学生にインターン等で職場体験してもらう。場合によっては、給与を支給し技術実務を担当してもらい、入社前提の場合は、熊崎社長の海外出張にも同行ねがう。また新卒者を次年度の採用担当者として抜擢し、熊崎社長と共に採用活動にたずさわり、より一層会社の理念・思いを認識してもらう研修ととらえる」。

ポイントは、

・文系の学生にターゲットを絞る

・絞り込んだ学校に密着して採用活動を展開する
・継続して採用し、人材開発に繋げるグランドデザイン
というものでした。

そのうえで、ＳＴＰ（ペルソナ設定含む）という「ブランディング」の王道ステップを経て、導き出された「ブランド・アイデンティティ」は、

〝文系＆女子なのに成長できるわくわく創造業〟

そして、ブランド要素への展開では、熊崎社長さんがことあるごとに、

「中小企業なのに・・・」

「文系出身者なのに・・・」

「未経験のパートさんなのに・・・」

と「なのに」を連発することから、

「なのに 東名技研」

「東名技研 × 文系学生（女子学生）＝スーパーエンジニア」

というコピーを開発。

合同企業説明会用の案内ツールとブース設営・装飾に着手し、その後一貫性のあるデザインで採用サイトもリニューアル公開。

独自性に富んだ事業内容と会社の強みと熊崎社長の個性を輝かせるという支援業務は、大変楽しく充実したものでした。

おかげさまで、２０２０年度は新卒が1名、２０２1年度は3名が入社し、早速採用担当者としても活躍が期待されています。

メリットと振り返り

今回の場合新卒採用に向けた取り組みでしたが、「採用ブランディング」は外部要因でスケジュールが決められている新卒採用だけでなく、中途採用においても重要です。

むしろ人材不足が叫ばれる中、優秀な人材を中途採用することの方が難しくなっているかもしれません。

ここで1つ考え方を工夫してみると、必ずしも中途採用を即戦力ととらえる必要はないといえます。前出の東名技研のように、社長が教え上手な企業ならなおさらです。

また独自性を発揮・発信し続けることで、能動的に仕事を探している「転職顕在層」のみならず、現在の会社や仕事に不満はないけれども局面によっては転職活動をするかもしれないという「潜在層」もターゲットとして考えることは、これからの世の中大変重要なことです。

「採用ブランディング」によるメリットとしては、
①マッチングする可能性の高い応募者のエントリー
②独自性の訴求によるミスマッチの回避（入社後の早期退職防止）
③広告費等の経費削減
があげられます。

そのほか事業の特性、事業環境によって、いろいろ浮かんでくることでしょう。

また、これらメリットは、企業側のみならず求職者側にとっても福音なのではないでしょうか。せっかく時間と労力を費やして入社にこぎつけたとしても、働いてみると入社前のイメージと異なり、結果不幸な結果に至ってしまうことは、社会的にも大きな機会損失です。

このように「採用ブランディング」を上手く進めることで、企業側にも求職者にも、そして社会にも有益な「三方よし」の経営が実現でき、能力を十分に発揮できる社員の皆さんが活躍することでこの国の競争力が高まっていく。そう信じています。

また、社会にも有益な価値をわかりやすく発信することは、将来に向け採用の対象となる世代（Z世代、α世代）が持つ社会貢献意欲に響く要素です。このことから「採用ブランディング」において社会的意義を掲げるのは、大切な取り組みであることがわかります。

〔図表６　社屋外観〕

〔図表７　ＩＴ企業のような社内〕

〔図表８　企業合同説明会ブース〕

採用サイト
(「なのにカンパニー」で検索)

経営理念
(コーポレートサイト)

トップは企業の広告塔
(熊崎社長出演動画)

なのにカンパニー
(CM 動画)

2　事業承継ブランディング

地位・事業・精神の承継がポイント

ところで、「事業承継」と「事業継承」という言葉がありますが、どちらが正しいのでしょうか。

そもそもの言葉の意味に着目します。大辞林第３版によると、
「承継」とは、先の人の地位・事業・精神等を受け継ぐこと
「継承」とは、先の人の身分・権利・義務・財産等を受け継ぐこと
「ブランディング」の視点で見つめると、「継承」ではなく「承継」であることがおわかりいただけるのではないでしょうか。

承継のポイントは、「地位」「事業」「精神」というもの。
「地位の承継」とは、代表権を譲ること。後継者は、どんなことをやってくれるのか（見せてくれるのか）、お手並み拝見というムードが醸しだされます。それは、次のような不安の裏返しともいえます。

内部的：この後継者に、自分の人生を託しても大丈夫なのかという社員の皆さんの不安

外部的：この後継者に、先代のときのように仕事を任せても大丈夫かというお客様の不安

この後継者と取引をして、回収できるだろうかという協力パートナーさんの不安

「事業承継ブランディング」では、これらの不安の解決をゴールといたします。

製造業の事例

愛知県西尾市にある株式会社セイワは、二代目社長、加藤正和さんが、今まさに変革に取り組まれている真最中の製造業です。

創業社長のお嬢様と結婚し、後継者となる予定だった長男の補佐役として入社したはずが、諸般の事情から想定外に二代目を担うことになりました。形式上バトンタッチはしたものの、そもそも社長になる予定はない立場だったことから、新しく旗を掲げることに遠慮がちで、また古参の社員の皆さんの掌握にも少し問題をかかえていました。

しかし、加藤社長は、京セラ創業者、稲盛和夫さんの私塾・盛和塾で研鑽を重ねる勉強熱心さを持ち、静かながら熱意にあふれ優しい心も持ち合わせた、変革に取り組む立派な後継者です。大手自動車関連から受注を続ける事業スタイルは安定性に富み、順風満帆といった印象ですが、変化の激しい時代に臨むにあたり、後継者として事業転換の可能性を模索する段階にありました。

そんな状況をブレイクスルーすべく、「ブランディング」の力を活用されてみては、という流れから、顧問経営コンサルタントの先生が弊社に相談、紹介されました。それは、創業社長から二代目にバトンタッチされて、2年目というタイミングでした。

その経営理念は、

「株式会社セイワは『誠意』と『和』を持って顧客第一主義を実践し、社会に信頼される会社であり続けます。－モノづくりを通じて全社員の幸福を追求する－」

加藤社長自ら、「－モノづくりを通じて全社員の幸福を追求する－」という思いを加えられ、その変革意欲旺盛な姿勢は、大変印象的でした。

ヒアリングの結果から、創業からちょうど50周年を迎えるタイミングでもあり、ロゴを刷新したいという思いを受けとめました。そのうえでロゴ制作を念頭におきながら、後継者として未来へ掲げる思いを具現化するという意味で、「事業承継ブランディング」に取り組むことを決定。その成果物として、「ブランド・アイデンティティ」の構築ならびにそれを体現する新しいロゴの完成を見定め、取り組みがスタートしました。

それでは、その仮説を確認してみましょう。

「自動車の開発段階の試作部品から保守パーツ（補給部品）や少量量産品、ロボット部品等といった多品種少量生産の体制を強化し、セイワ独自のオペレーションを構築することでお客様の『困り事』の解消と受注、利益の確保ができると考える。

今後も需要の拡大が見込まれるロボット産業への関わりを深め、部品加工＋組付けまでの受注を獲得することでセイワの存在価値を高め、付加価値の高い仕事へとシフトすることができる」。

安定受注に支えられた自動車部品製造という主業務から、未来へ向け業態変革を試みる意気込みが伝わってくるすばらしい仮説です。

ポイントは次の3点。
①多品種少量生産の体制構築
②独自オペレーションの構築によるお客様の「困り事」の解決
③新市場＆付加価値の高い仕事へのシフトチェンジ
そのうえで、ＳＴＰ（ペルソナ設定含む）という「ブランディング」の王道ステップを経て、導き出された「ブランド・アイデンティティ」は、
〝試作・少量生産を価値に仕立てる信頼のパートナー〟
ペルソナは、〝製造拠点を国内に持つロボット製造関連開発メーカーに勤務する決裁権を持つ製造部長〟を設定し、
そのニーズを、

・お値打ちで良質な部品をタイムリーに提供してほしい
・特に多品種少量生産に柔軟に対応してほしい
・そのうえで、将来は、ユニット組立業務を安心して任せたい

とインサイトし、導き出された「ブランド・アイデンティティ」でした。

ロゴ制作において心掛けたのは、未来に向けたビジョンを含め、担当するクリエーターにありのままを伝えること。

そのため、何度もミーティングに同席してもらい、加藤社長の思いを汲み取る機会を欠かしませんでした。

その点は、加藤社長も意気に感じてくれたようです。

メリットと振り返り

今回のポイントは、「ブランディング」を進めるにあたり、当時代表権を持っていた先代が後継者に全面的に任せ、一切口を挟まなかったことが大きかったと感じています。

加藤社長が自ら考え、答えを導き出されたというプロセスが、最も価値あることだったのです。弊社としては、その伴走役に徹しフィードバックを重ねることで、経営トップ自身の、そして企業としての強みを引き出せました。

そして「ブランディング」に取り組まれたことで、加藤社長のリーダーシップに磨きがかかりました。その成果として、営業面では大企業からの新規引き合い。またスペシャルランチのイベントやモノづくりプロジェクトの活性化等、社内でも新しい取り組みが始まり、後継者としても力強さを増しています。

日本の中小企業は、事業承継のピークを迎えている様相です。

未来ある「事業承継ブランディング」のポイントとメリットは、

①先代は後継者に任せることで、後継者が独り立ちする環境を提供する

②後継者は熱い気持ちをロジカルに表すことで自己肯定感を高められる

③新しい取り組みへの推進力が生まれる

があげられます。

また、これらメリットは「採用ブランディング」同様、後継者にも働く社員の皆さんにも、そして未来に向けて光り輝く中小企業が存続できるという社会にも有益な「三方よし」の経営が実現できることでしょう。そんなお手伝いができ本当に嬉しいです。実際、加藤社長のリーダーシップのもと、毎月スペシャルランチ会が開催され、有志による「ものづくりプロジェクト」から新製品が生まれ、特に金属の塊から削り出された開梱ナイフ「OOPARTS-001」は全国から注目を集め、具体的な成果が表れています。今後の展開に、目が離せませんね。

〔図表９　ロゴマークとタグライン〕

■ロゴマーク

シャープな直線と曲線で白抜きされたラインは複雑な切削加工をデザインし、また4つのピースがひとつの塊（●正立方体シルエット）となることで、パーツの組み付けを表現しています。
右のポイントになるサブカラーは、少ロットのパーツを表し、試作・少量生産に対応する技術力と柔軟性を表現しています。

■コーポレートカラー

モノづくりにかける情熱やプライド、魂を『セイワ・ソウルレッド』と名付け、血の通ったモノづくりを象徴し、コーポレートカラーとしました。また、SEIWAが得意とする金属素材をイメージしたブルーグレーを設定し、「ハートは熱く、頭は冷静に」という想いを込めました。

SEIWA
SOUL RED

SEIWA
COOL GRAY

■ロゴタイプ

ロゴマークとの調和を考慮したデザインで、欧文と和文があります。

SEIWA Co., ltd.

株式会社 セイワ

■タグライン

セイワの技術とその想いをブランド・アイデンティティをタグラインとしました。

試作・少量生産を価値に仕立てる
信頼のパートナー

株式会社セイワ
（コーポレートサイト）

新製品「開梱ナイフ」
（AICHI DESIGN VISION サイト）

〔図表10　スペシャルランチ会〕

〔図表11　創業 50 周年旅行〕

3　新規事業進出ブランディング

問屋業の事例

事例紹介の最後は、新規事業進出の案件です。多くの皆さんが、「ブランディング」の典型的事例ととらえているケースにあたるかもしれません。

またこちらの事例は、事業承継の要素も含んだ、複合的な「ブランディング」の案件ともいえます。

愛知県知多市にある有限会社竹内宏商店は、三代目として２０１９年代表取締役社長に就任された竹内亮さんが切り盛りする、木綿を中心とした生地問屋さん。

今回新事業に進出し、オリジナルブランドを立ちあげられ、鋭意奮闘中という将来性豊かな中小企業です。知多市といえば、数年前洋酒メーカーのサントリーさんが「知多」という商品を世に出したことで、脚光を浴びたこともありました。

その経営理念は、

「一糸を以て和を紡ぐ」

創業者は、現社長の祖父にあたる竹内宏さん。その三代目竹内社長は、慶長年間から地元が誇る素材、知多木綿に対する思い入れが日本一（＝世界一）ともいえるほどで、木綿ソムリエを自称されています。

そんな竹内社長との出会いは、弊社セミナーの会場でした。

生来、ネアカ人間と思われる竹内社長。セミナーでは、アイスブレイクのやり取りから中盤まで、明るく元気よく、積極的な受講姿勢で臨んでいました。質問を投げかければ、大きな声で自分の考えや思いを返すことでよい空気を醸し出してもらい、講師を務める私も、大変助かっていました。

ところが、ある質問を投げかけると、突然黙り込んでしまったのです。

『その一番困るお客様は、どれくらいの時間で代わりの会社を見つけることができますか』

あれっ、この質問、どこかで聞いたような。

実は、前章でご紹介したB社さんが、竹内社長なのです。

改めて整理すると、経営課題として次の要件が明らかになりました。

自社の代わりが、一瞬で見つかってしまう業態（模倣困難性が全くない状態）

セミナー後、相談を申し込まれ、ヒアリングでは温めていたオリジナルブランド開発というアイデアを具現化したいという思いを引き出すことができました。

また、三代目として事業を受け継ぎ、四代目（候補はご長男）にバトンを渡すという事業承継の重みも改めて痛感され、事業展開にスピード感を求めていました。

そこで、試作段階の知多木綿の白シャツをブランド化することを決断。

続いてターゲット層を定め、明確化する必要性を理解してもらいました。

処方箋は、「新規事業ブランディング」に決定。

白シャツのみならず、知多木綿を中心とした木綿製品の可能性を拡げ、木綿ソムリエというご自身の特性を加味したブランドづくりを目指しました。

それでは、その仮説から確認してみましょう。

「日本人は伝統や文化といったキーワードに反応しやすい。また限定品・オリジナルといった言葉にも敏感であると思われる。そこで弊社の知多木綿という伝統に木綿の価値を付加した商品を開発することで新しい市場を開拓できると推測する」。

そのうえで、「ブランディング」の王道ステップに取り組み、導き出されたペルソナのイメージが、

「日本の歴史と伝統に特別感をいだくミドルな男子」。

その後、「ブランド・アイデンティティ」

〝特別な時を演出する。棉×技が創る大人の白シャツ。〟

が整い、早速、ネーミングに着手いたしました。

ネーミングにおける注意点としたのは、次の3点。

・コテコテの和テイストは避けたい
・ロゴタイプを考慮するとシンプルなもの
・ブランド名に「知多」を避けたい

これらの要件から、導き出されたブランドネームは、

「WATAKUMI」（棉匠）

竹内社長も大変気に入り、ロゴが整ったところで、製品「知多木綿の白シャツ」が完成。

２０１９年10月には、アンテナショップ「４７８」が開店。前後して、ブランドサイトも急ピッチで整え、ブランド要素の整備が進みました。

その後「ブランディング」はＰＤＣＡサイクルをまわすということで、現在の「WATAKUMI」ブランドを10年かけて育てあげるべく、「４７８」も含めたリブランディングも視野に入れ、「ブランド」の成長へ向け見つめ続けているところです。

近い将来、新しい「ブランド・アイデンティティ」が見い出される可能性も高まっています。まさに、「ブランディング」に終わりはありません。
※２０２１年3月、名古屋商工会議所「名古屋匠土産」に認定されました。

メリットと振り返り

今回のポイントは、とにかく未来に向け、制約条件を外したところからスタートしました。最初は思いっきりホラを吹いて、夢を描くことから始めるのが大切です。

そのうえで、本当に役に立ちたい方の姿をイメージすることで、余分な要素が削ぎ落されていきます。すべての方をお客様にすることはできません。

ターゲットを絞り込み、理想のペルソナを設定することで、上質で愛される「ブランド」を構築し、お客様と共に育ててあげることが大切です。

また竹内社長のように、中小企業はトップが広告塔という認識で、率先してトップ自らが、露出に努めることも重要なポイントです。

「ブランディング」の王道ステップに沿って実践されたことにより、事業スタート早々から初年度目標をクリアされたことも、伴走役としては嬉しい限りです。

事業承継という意味では、今回の「ブランディング」を進める中で、先代から社長業を引き継ぐことになりました。従来からの問屋業に加え、新規事業の立ち上げを実現した竹内社長の成長は、目を見張るものがありました。今、まさに新しいチャレンジに取り組みつつある姿は、頼もしさが増すばかりです。

「WATAKUMI」ブランドの、そして竹内宏商店の益々の成長が本当に楽しみです。

〔図12　知多木綿白シャツ「WATAKUMI」〕

WATAKUMI
（ブランドサイト）

有限会社竹内宏商店
（コーポレートサイト）

〔図13　アンテナショップ「478」〕

〔図14　名古屋商工会議所プロジェクト
「名古屋匠土産」認定〕

名古屋匠土産
（名古屋商工会議所サイト）

Chita Cotton 478
（販売サイト）

4　今こそ中小企業が「ブランディング」

三方よしの期待にこたえる

ここまで、３つの事例を紹介いたしました。

経営資源に限りのある中小企業だからこそ、「ブランディング」に取り組み、ブランド構築をするべきだということが、ご理解いただけたでしょうか。

そして、この変化の激しい時代だからこそ「ブランディング」によって自社の本質に迫り「独自化」を図ることは、今後再び訪れるかもしれない激変期を乗り越える力を皆さんにもたらしてくれる、そう私は信じています。

２０２０年の新型コロナウイルス感染症拡大により、人々の意識や価値観は大きく変化しました。

そして、この変化は、おそらく元に戻ることはないでしょう。

また、命、そして健康への不安がふくらむ中、人々は、「ブランド」に対し、次のような、高次の価値を求めるようになった印象です。

・世の中において、どんな役に立ってくれるのか

・そもそも、その会社は世の中にとって必要なのか

そんな期待にこたえる姿をあらわした言葉が、事例紹介でもふれた「三方よし」という理念です。

・売り手よし
・買い手よし
・世間よし

近江商人の経営哲学として広く知れわたり、その起源は江戸時代にさかのぼります。

ところで、新年度がスタートする２０２０年４月１日の朝刊に、ある大企業の全面広告が掲載されました。

「商売は菩薩の業、商売道の尊さは、
売り買い何れをも益し、世の不足をうずめ、
御仏の心にかなうもの」。

いまの言葉で「売り手よし、買い手よし、世間よし」、
つまり「三方よし」の起源となった商いの心。
百六十年以上、私たちが続けてきた商いの形。
初代の初心を胸に３つの「よし」に向かう、私たちの旅に終わりはありません。

◎伊藤忠商事は、本日四月一日、企業理念を「三方よし」に改めました。
※伊藤忠商事WEBサイトより転載

あの伊藤忠商事が、企業理念を「三方よし」にリニューアル。まさに、時代はそんなタイミングなのです。

自らの利益のみ追求することをよしとせず、社会の幸せを願う「三方よし」の精神。

これこそ、「SDGs」を先どりしていた理念であり、われわれは先達から、商いの姿勢につき、脈々と教えつづけられてきたという格好です。

そこには「独自性」の発揮により「誰かの役に立つ」に加え、「社会の課題を解決する」という要件が込められています。

そして、「ブランディング」は、その実現に向けた大きな推進力となるはずです。

今こそあなたの会社が、そしてあなた自身が必要とされるために、「ブランディング」という武器を身につけ、明るい未来へ向け一歩踏み出すタイミングです。

そんなあなたにとって、本書がその一助となれば幸いです。

「ブランディングは中小企業を救う！　日本を救う！」

「未来ある中業企業をブランディングで支えたい！」

補章1

「ブランディング」は「考え抜くこと」

5つの質問・思考の三原則・Think Week

経営者に贈る5つの質問

さて、ここからは「ブランディング」に取り組むにあたり、参考にしていただきたいことを「補章」としてまとめておきます。

おさらいですが、「ブランディング」は次の流れで進めていくとお伝えしていました。

「ブランディング」の目的と対象を定める

↓

「ブルーオーシャン」を探す

↓

「誰に対してどのような価値を提供するのか」を明確にする

↓

「ブランド・アイデンティティ」の構築

↓

「ブランド・アイデンティティ」の実現

この5つのステップを見つめ直すと、ドラッカーがのこしてくれた「経営者に贈る5つの質問」と符合することに気づきます。

その5つの質問とは、次のようなものです。

質問1　われわれのミッションは何か？
質問2　われわれの顧客は誰か？
質問3　顧客にとっての価値は何か？
質問4　われわれにとっての成果は何か？
質問5　われわれの計画は何か？

『経営者に贈る5つの質問』（P・F・ドラッカー著、上田惇生訳、ダイヤモンド社）p.iv－p.vより転載

非常にシンプルなだけに、本質を突いた内容で奥が深く、慎重に答える必要がある質問ばかりです。

しかし、「ブランディングの王道ステップ」を学んだ皆さんなら、しっかり答えることができると思います。

1つひとつ照らしあわせて確認してみましょう。

質問1　われわれのミッションは何か？

これは、『「ブランディング」の目的と対象を定める』に当てはまります。

第3章でお伝えしたとおり「ミッション」とは、描いた未来の姿において果たすべき社会的使命、存在意義でした。

事業を通して社会のためにどんな貢献をするのか、社会的存在意義は何か、という問いです。

「ブランディング」においても、目的と対象を定めるわけですが、目的とは社会のどんな課題を解決するのかです。

対象とは、自社の何を「ブランディング」するのかです。

また、「ブランディング」の対象が決まるということは、誰のために、自社の何を「ブランディング」するのかを明確にすることです。

具体的に誰の役に立つことで、その結果どんな社会の課題を解決するのか。

新型コロナウイルス感染症を経験した世界では、この社会的意義が「ミッション」に込められていることが特に重要です。

そして、「誰の」というキーワードから、第2の質問につながっていきます。

質問2　われわれの顧客は誰か？

こちらの質問は、「ブランディング」の王道ステップにおいては『「ブルーオーシャン」を探す』に当てはまります。

具体的に誰のどんなニーズ（課題）を解決するのか。

「お客様は神様」という古い言葉がありますが、現代社会では「お客様はパートナー」と位置づけるべきでしょう。パートナーであれば、課題解決のために手を取り合い、共に行動することが求められます。自社の強みが「独自性」として発揮できるお客様をしっかり見きわめないといけません。

これこそ「ブルーオーシャン」を探し当てることにほかなりません。

そして、そのお客様にとって「価値」とは何かについて踏み込んでいきます。

まさに、第3の質問に答えるのです。

質問3　顧客にとっての価値は何か？

こちらの質問も、「ブランディング」の王道ステップの３つ目『「誰に対してどのような価値を提供するのか」を明確にする』に当てはまります。

「ドリルを買いに来た人が欲しいのはドリルではなく穴である」

という古典的なマーケティングの格言があります。

確かに、ドリルのコレクターでもない限り、ドリルそのものを欲しいというお客様はいないでしょう。お客様は、穴をあけるという目的で、ドリルを購入するわけです。これは、日曜大工の世界でも建築ビジネスでも同じです。

ここで、日曜大工という用途に着目してみましょう。

例えば、家族から、壁に棚をつくって欲しいという要望が寄せられたお父さんは、棚を固定するためにネジ穴をあける必要に迫られるわけですが、お父さんの真の目的は、ネジ穴をあけることでしょうか。ネジ穴をあけるならば、初心者でも簡単に操作できるドリルが価値となり、その価値を満たすことができる商品から選ぶと、操作性という機能的価値に大きな差がなければ、価格競争は必至と思われます。

これでは「ブルーオーシャン」ではなく、「レッドオーシャン」状態におちいってしまいます。

ここで必要なのは、お父さんが求める、潜在的な目的を見きわめることです。

例えば、お父さんの真の目的が、立派な棚を見事につくりあげることで家族から賞賛のまなざしを集め、自己肯定感を高めるというとらえ方をしてみてはいかがでしょうか。この場合、お父さんが求める価値は、ネジ穴をあけることではなく、簡単に棚をつくりあげることができる工具とノウハウです。

ドリルの付属品として、初心者でもわかりやすい棚づくりマニュアルを準備したり、QRコードを介しスマホで動画マニュアルを視聴できる等、付帯サービスを提供すれば、独自性を発揮することができるのではないでしょうか。

もちろん、これらの取り組みは、競合もマネをしてくる可能性があるので、常にその付帯サービスにはブラッシュアップが必要です。

いずれにしても、お客様のどのような価値に応えていくのかという第3の質問は、5つの質問の中でも特に重要です。

そして、その価値が何かについては、お客様の声を集める以上にお客様をしっかり観察したうえで、洞察（インサイト）して導き出す必要があります。

アンケートや面談だけでは、なかなか本音が引き出せないことはよくあることです。

続いて第4の質問に進めていきましょう。

質問4 われわれにとっての成果は何か？

ドラッカーは、組織の成果はつねに外部に存在し、その成果とはお客様の満足だと説いていました。つまり、お客様そして世の中からどのように見られるか、すなわち、どのように評価されるかを問われるのです。これは、「ブランディング」のステップにおける『「ブランド・アイデンティティ」の構築』に当てはまります。

第2章では、「ブランド・アイデンティティ」とは、自社が「ブランド」として「ペルソナ」にどのように認知されたいのかをあらわす「旗印」となる言葉としました。

そのうえで「ブランド・アイデンティティ」の構築が最も重要としていました。

「ブランド・アイデンティティ」とは「ミッション」を言語化しているものであり、「成果」としてお客様へ満足をもたらすには、具体的な行動が必要であるということです。

「ブランディング」は、「ブランド・アイデンティティ」と「ブランド・イメージ」を近づけ、一致させる活動と定義していましたが、まさにその活動が次の質問に集約されています。

質問5　われわれの計画は何か？

これこそ、『「ブランド・アイデンティティ」の実現』を言い表した質問です。

「計画」とは、目標であり、行動であり、評価です。

そして、「ミッション」から一気通貫されたものであり、達成度、成熟度、環境変化によって見直され続けるものです。

そして、「ブランディング」における「行動」とは、「ブランド名」、「ロゴ・マーク」、「タグライン」等を決め、自社の「ブランド」が「ペルソナ」と接する際にどのような体験をするのが理想なのか、「ブランド・アイデンティティ」を軸に具体的に設計します。

つまり、「ブランディング」では目標を設定し、企業全体で実践、検証、改善の繰り返しというPDCAサイクルをまわしながら、「ブランド」を育てあげていくことが必要なのです。

以上のように「経営者に贈る5つの質問」が、「ブランディング」の王道ステップにピタリと当てはまることがおわかりいただけたことでしょう。

もちろん、これらの取り組みは、一朝一夕にできあがるものではありませんし、一度取り組めばそれで終わりというものでもありません。

そして、ドラッカーは「5つの質問」を検討するにあたっては、「考え抜くこと」が必要だと説いています。

これらの「5つの質問」は、常にお客様そして世の中の状況変化により、その回答が変わってきます。だからこそ、常に「考え抜くこと」を怠ってはなりません。

私たちは、当たり前のように「考える」という言葉を使いますが、そもそも「考える」という行為をうまく説明することができるでしょうか。

続いて、その「考える」ということについて、ふれてみます。

「考える」ことの価値

さて、「考える」とは、そもそもどのような行為なのでしょうか。

私たちは幼少の頃より、家族や先生、また諸先輩から「よく考えなさい」と言われ続けてきました。その一方で、

「考える」ことの目的は何か

「考える」とは、そもそもどういうことなのか

「考える」やり方は

を教えられないまま、放置されてきたともいえる状況です。

「思考」という言葉がありますが、本書では「思考」＝「考える」としてとらえ、話を進めます。

17世紀に生きたフランスの哲学者、パスカルがのこした、

「人間は考える葦である」

という言葉は、広く伝わっています。

それでは、パスカルはなぜ人間を葦にたとえたのでしょうか。葦とは、イネ科の多年草で、農閑期に田んぼで繁殖するため、厄介者というレッテルを貼られています。その一方で、建材や燃料、肥料や生薬としても重宝されてきました。

パスカルは、大きな存在としての宇宙を持ち出し、それに対して、人間はちっぽけな葦のような存在であると定義することから出発します。

著書から、その部分を引用してみましょう。

『人間はひとくきの葦にすぎない。自然のなかで最も弱いものである。だが、それは考える葦である。彼をおしつぶすために、宇宙全体が武装するには及ばない。蒸気や一滴の水でも彼を殺すのに十分である。だが、たとい宇宙が彼をおしつぶしても、人間は彼を殺すものより尊いだろう。なぜなら、彼は自分が死ぬことと、宇宙の自分に対する優勢とを知っているからである。宇宙は何も知らない。

だから、われわれの尊厳のすべては、考えることのなかにある。われわれはそこから立ち上がらなければならないのであって、われわれが満たすことのできない空間や時間からではない。だから、よく考えることを努めよう。ここに道徳の原理がある』。

『パンセ』（パスカル著、前田陽一・由木康訳、中公文庫）２５０～２５１頁より転載

人間はこの世の中で最も弱い、ちっぽけな存在である。しかし、人間はそんな自分の弱さと、自分が死ぬということを知っている。

それに対し、宇宙は何も知らない。故に、ちっぽけな人間は、大いなる宇宙のことを考えることができるし、考えることで、宇宙と人間との立場を逆転させることができる。

「人間は考える葦である」

実は、「考える」ことの価値をこんなにわかりやすく、かつスケール大きく表現した箴言はないと思われます。

時代は下り「思考は現実化する（原題：Think and Grow Rich (1937)」という自己啓発書もベストセラーとなりましたが、金持ちになるという野心のみならず、大きなことを成し遂げることにおいて、「考える」ことの有益性は時間を超えても変わらない普遍の真理といえそうです。

それでは、「考える」とは、具体的にどのような行為なのでしょうか。

誤解を恐れずシンプルに表現してみます。

「知識」を目的実現に活かすために、「知恵」に変換する行為
「考える」ためには、まずは「知識」すなわち「情報」を新たに、できるだけ多くインプットする必要があるのです。

「知恵」は目的実現に活かすため行動に置き換えていくものですから、情報のインプット量が少ないと「思いつき」レベルにとどまってしまいかねません。限られた条件の中で、可能な限りインプットに努め、そのうえで自らの経験や気づきを加味し、「知恵」を実践することで目的実現に向け近づいていくのです。

大切なことは、実践ですから、ひたすらインプットに時間を費やすことは本末転倒です。限られた条件ということでは、与えられた時間の枠でどれだけインプットに時間を割くことができるのか、しっかり把握してから取り組みましょう。その際、インプットする「情報」を鵜呑みにしないという心得も大切です。

制限時間を設定し、インプットが終了したら、いよいよ「知恵」を生み出すことに向かうわけですが、それにかかわる時間の概念について確認しておきます。

「知識」すなわち「情報」とは、既に世にあらわされているものです。これは、書籍でもネット媒体でも変わることはありません。絶対的に「古いモノ」であり「過去のモノ」ともいえ、鮮度という意味では「古い」といえます。これに対し「知恵」というのは、目的実現という未来の姿に向けて活かす、誰も生み出したことがないという独自性の高いオリジナルなものであり、「新しい」といえます。

経営の神様松下幸之助は「知識に熱意を掛け算し、それに経験を加えて出てくるのが知恵や」という箴言をのこしています。目的実現への熱い思いがあり、経験と気づきを加味して、深く「考える」というプロセスを経て生み出された「知恵」は、他人が見つけることは困難で、マネされにくいという利点ももれなくついてきます。

「思考力」＝「考える力」とは、天賦の才能ではなく、やり方を身につけることなのです。

もちろんやり方ですから、最低限のトレーニングは必要です。大人になっても「自転車に乗ることができない」と思い込み続けている人はいないものです。自転車の操縦と同様に、「考える」ことは、転びながら、擦りむきながらも、やり続けることで体得することができる能力です。

克服すべき経営課題に直面したときに、「考える」という習慣を発揮することができれば、未来に向けた「知恵」が授かります。

「考える」ことの目的、意味、やり方につき、なんとなく掴んでいただけたのではないでしょうか。

思考の三原則

そして、深く「考える」うえで、知っておきたい教えがあります。

激動の昭和を生き抜いた陽明学者安岡正篤（先生）をご存じでしょうか。私が私淑する偉人で、政財界の要人のご意見番ともうたわれた哲学者です。

昭和天皇の「終戦の勅書」の原案の刪修（さんしゅう・不要な字句、文章を削り改めること）にも関わっていました。

そんな安岡先生の膨大な著述の中から、ここでは次の教えに学びたいところです。

『「思考の三原則」
私は物事を、特に難しい問題を考えるときには、いつも三つの原則に依る様に努めている。
第一は、目先に捉われないで、出来るだけ長い目で見ること、
第二は、物事の一面に捉われないで、出来るだけ多面的に、出来得れば全面的に見ること、
第三に、何事によらず枝葉末節に捉われず、根本的に考える
ということである』。
『安岡正篤一日一言』（安岡正篤著、安岡正泰監修、致知出版社）１１１頁より転載
「長期的」という意味では、時間軸をどれくらいの幅でとらえるかがポイントです。私が「ブランディング」支援をする場合、お客様自身がいだく10年先のイメージについて話してもらいます。
変わるもの、変わらないもの。変えるべきもの、変えてはいけないもの。それらを見きわめたうえで、10年後のゴールを共有し、そこから逆算して「ミッション」の実現に向け、伴走し続ける。そんなスタンスを大切にしています。
「多面的」という意味では、目の前にくりひろげられている大変革の動きを、視点を変えたり、視座をあげ下げしたりして見つめるという心得です。

「ブランディング」においては、「ブルーオーシャン」を探すうえで、お客様、競合等、自社の外からの視点を意識して考えることが非常に大切です。

特に、新型コロナウイルス感染症拡大を体験した後の社会、という視点から見つめると、新たな発見が続出することが予想できます。

そして、「根本的」を「本質的」という表現に置き換えてみてみましょう。「ブランディング」の場合「ブランド・アイデンティティ」を構築するうえで、自社の社会的存在意義を本質的に見つめ直すことに活用できます。

ここで注意しておきたいのは、自分自身の経験だけで考えてしまうと大変危険だということです。

「Think Week（考える1週間）」を活用することも有効な処方箋ですが、こちらは後述します。

このように「思考の三原則」にならって、各自その存在意義について考えを深め、必要であれば再定義することは大変重要であり、未来へ向け、新たなビジョンに突き進むことができる大チャンスに繋がるように思えます。

まさに今こそ、そのタイミングといえます。

Think Week（考える1週間）

私は、製造業のみならず、建設業やサービス業を含め、東海エリアの中小企業をお客様にしている、ブランディング会社のオーナー経営者です。おかげさまで、２０１８年頃から、経営課題解決に向け自社をブランディングしてみたい、顧問先をブランディングしてほしいという相談案件が急増しています。

「未来ある中小企業をブランディングで支える」ことは、社会貢献という意味でも存在意義が高く、多忙を極めるものの楽しく仕事と向き合っています。

私は、２００５年に先代から引き継いだ印刷業をファブレス（工場を持たない事業）に業態転換し、変革を重ね続けることで、現在の事業にたどり着くことができました。

繰り返しお伝えしているとおり、大変革の２０２０年代が幕をあけ、あらゆる企業がその存在意義を見つめ直すという、とても難しいチャレンジに向き合うことをしいられています。

そんな必要に迫られたとき、おすすめなのが、先ほど触れた「Think Week（考える1週間）」というアプローチです。

「Think Week」とは、元々は、マイクロソフト社の創業者、ビル・ゲイツ氏が取り入れていた生産性向上の習慣で、具体的には、年に1～2回、外界と遮断した環境で1週間ほど過ごし、ひたすら考えることに集中するという取り組みです。

スマホやSNSから離れ、半ば「デジタルデトックス」ともいえる環境をつくり出し、日常と違う角度から人生や仕事を深く考えることで存在意義を模索します。

日常では考えることができなかった、しかし「長期的」「本質的」には重要なことについて、「多面的」に深く思考することで、未来に向けた存在意義ならびに価値提供の姿を見出すことが目的です。

ビル・ゲイツ氏は、この「Think Week」に臨むことで、マイクロソフト社の未来戦略を、トップリーダーとして考え続けたようです。

そのビル・ゲイツ氏について、エピソードをご紹介しましょう。

ビル・ゲイツ氏は「Think Week」に臨む際、膨大な書籍やレポート類を持ち込むのですが、1995年の「Think Week」では、インターネットに焦点を当てて徹底的に調べあげ考え抜いたそうです。

1週間を終え、マイクロソフト社の全役員へ送信したメールのタイトルは、「The Internet Tidal Wave（インターネットの高波）」。その内容は、インターネットが主流となる近未来の世界を正確に予測したものだったようです。

当時のマイクロソフト社は、インターネットブラウザ（閲覧ソフト）において、ネットスケープ社に先行されおり、謙遜だとは思いますが、ビル・ゲイツ氏自身の言葉によると、インターネットの重要性について本質的にはあまりわかっていなかったそうです。実際私も、初めて利用したインターネットブラウザ（閲覧ソフト）は、ネットスケープ社の製品で、１９９５年だったという記憶があります。

余談となりますが、同年、インターネットの世界に興味を持ち、共同出資でプロバイダー事業を立ちあげましたが、競合他社との営業力ならびに価格競争力の決定的な差をまのあたりにし、早々に事業撤退をしていたのは苦くも懐かしい思い出です。

さて、その１９９５年のメール「The Internet Tidal Wave（インターネットの高波）」の趣旨は、「インターネット事業につき、最も優先順位を高く置く」というものでした。まさにこの先10年単位を見すえた、マイクロソフト社の戦略が明示されていたわけです。

実際、インターネットブラウザ（閲覧ソフト）のシェアは、「Think Week」から３年後の１９９８年に、マイクロソフト社のインターネット・エクスプローラーが逆転し、業界をリードする立場に躍り出ました。

現在でも、マイクロソフト社は、クラウドサービスをはじめ、ＩＴ企業のトップランナーとして、インターネット全盛の世界でも巨人として生きながらえています。

その後、マイクロソフト社の実務を離れたビル・ゲイツ氏は、現在では、その「Think

Week」のテーマを格差社会ならびに貧困問題等、様々な社会問題の解決にフォーカスし、自身の財団をとおして、その解決に向け、スケールの大きな取り組みを実践継続しています。

スケールは異なりますが、私の場合、２０２０年3月、新型コロナウイルス感染症が本格化するタイミングで、経営コンサルタントの先生から、「Think Week」の実践をアドバイスされ、初めて臨むチャンスを得ることができました。

年度末から年度初めに、２泊３日という「mini Think Week」という短縮バージョンでの設営ではありましたが、それでも収穫は予想以上に大きいもので、大変有意義な取り組みでした。

「mini Think Week」を実践して、得られた気づきを、次にご紹介します。

① 世の中の変化を受け、新たな存在意義、進むべき方向性を見定めることができた
・人と会わない、出むかない営業スタイルの確立
・ビジネスパートナーとの連携強化
・動画を活用した新サービス開発

② 集中することの効果を実感
・ＳＮＳ等から意識的に距離を置くことで、知的生産性が高まる

・音を含めた空間が大切
・「考える」ことのコストパフォーマンスのよさを体感

③　「考える」を定期的に取り組むべし
・毎日／15分、毎週／30分、毎月／60分
・四半期に1度／1日、半年に1度／2泊3日、年に1度／1週間
・行動項目の棚卸を進める

このように「考える」ことを習慣化することで、新型コロナウイルス感染症拡大をはじめとする、事業環境の変化にも、柔軟かつ効果的に対応することができることが、確信にいたりました。

そして、それぞれの立場でその存在意義について旗を掲げることが大切です。

そのプロセスは、目的に基づき、情報分析を重ねたうえで深く考え、明るい豊かな未来について「希望」をいだきながら描くというものです。

「希望」という意味では、「ブランディング」は常に未来へ向けたものであり、「希望」に満ち溢れた姿を実現させる取り組みにほかなりません。

その最初の成果物が「ブランド・アイデンティティ」の構築であり、それこそが「ブランディング」の本質であることは、既にお伝えしたとおりです。

〔図表５　セミナー講談中の筆者〕

２０１７年より毎月継続して、無料ブランディングセミナーを、名古屋市内で開催してきました。

新型コロナウイルス感染症拡大後は、ＷＥＢセミナーに切り替えて設営しています。

こんな方におすすめしています。

・未来に輝く中小企業
・勉強好き向上心旺盛な経営者
・顧問先の成功を願う専門家

またニーズに応じ出張セミナーにも対応しています（有償対応）。

セミナー受講後は個別相談にも対応しご好評いただいています。

志高き皆様とのご縁を心待ちにしています。

補章2

「ブランディング」は、かけがえのない「習慣」

大切なことは習慣化

あらゆる習慣のバイブル『7つの習慣』

補章1では、「考える」ことの大切さをお伝えしました。ここからは、それ以上に大切と思われる「習慣」について進めます。

「三日坊主」という言葉のとおり、何でも新しいことを続けるのは大変です。ダイエットや筋トレに代表される身体面のみならず、読書やブログ更新等の知的側面でも、よいと思ってはじめたけれどなかなか続かないという経験は、誰もが少なからず持っています。それでも、「習慣」がもたらすチカラはとても大きなものであると実感しています。

そこで新しい「習慣」に取り組むにあたり是非参考にしたいのが、『7つの習慣』です。『7つの習慣』は書縁に恵まれて以来、座右の書として数百回は読み返している、私的バイブルともいえる逸品であり、不朽の名著としても名高いベストセラーです。

手元にある旧版が、初版第20刷で発行日が1997年3月20日ですから、もう20年以上お世話になっています。

未読の方は、是非とも熟読してもらいたいのですが、その旧版でも約500ページという大著ですから、ここでは簡単にポイントをお伝えしておきます。

『7つの習慣』では「依存」から「自立」、そして「相互依存」へと至る人間の成長プロセスを「習慣」という切り口で論じています。

そのプロセスは、大きく3段階にわけられています。

・私的成功の習慣（第1～第3の習慣）
・公的成功の習慣（第4～第6の習慣）
・再新再生の習慣（第7の習慣）

中でも注目したいのは、第3の習慣「最重要事項を優先する」にて紹介されている「時間管理のマトリクス」という概念です。活動を定義する2つの軸、すなわち緊急度と重要度という要素から、4つの領域を次のように説明しています。

第一領域　緊急で、かつ重要な領域
第二領域　緊急ではないが、重要な領域
第三領域　緊急であるが、重要ではない領域
第四領域　緊急でも重要でもない領域

著者のスティーブン・R・コヴィー氏は、この第二領域「緊急ではないが、重要な領域」にフォーカスしていけば効果性が高まり、それに伴って第一領域の問題を減らすことがで

きると断言しています。

そして、第二領域は、自ら進んで働きかける必要があり、その第二領域へ集中するには1週間単位で時間を計画しなければならないと説いています。

つまり、第3の習慣「最重要事項を優先する」とは、第二領域へ集中することなのです。

また、『7つの習慣』の総仕あげともいえる第7の習慣「刃を研ぐ」では、主体性をもって第二領域に取り組むことが大切だとまとめています。

この第7の習慣「刃を研ぐ」は、第1から第6というほかのすべてを包括している「習慣」なのです。

そして、「刃を研ぐ」対象として次のような4つの人間の能力をあげ、それぞれにつきバランスよく定期的に取り組むことが重要であると説いています。

・肉体的側面
・精神的側面
・知的側面
・社会／情緒的側面

それでは、具体的にどのような「刃を研ぐ習慣」に取り組んでいるか、紹介してみます。

◇肉体的側面

1 自重トレーニングとストレッチ
・原則毎日、起床1時間後から30分程度
・プランク、プッシュバー、スクワット、ポールストレッチ、柔軟体操

2 早寝早起き(睡眠時間の確保)
・原則毎日、22時就寝、4時起床で、6時間睡眠確保
・不足した場合は、仮眠を活用

3 3度の食事を、美味しく楽しむこと
・原則毎日
・過ぎないことが大切

自重トレーニングとストレッチは、数年前からの「習慣」です。それ以前は、スポーツクラブに体験入会したり、最寄りの公園をウォーキングしたりと、いろいろ試してみたのですが、阻害要件が発生するたびに継続することが難しくなっていきました。その点、自重トレーニングは天候にも左右されず、ヨガマットのスペースさえあればいつでもはじめることができるのが、継続しやすい要因だと感じています。

また、ウォーキングの代わりに、移動時は可能な限り歩くことを心掛け、駅の階段は2

段ずつ上る等、日ごろから意識して実践しています。

そのおかげか、体重は60キロ台後半を維持でき、持病とも思えたギックリ腰も5年以上発症することもなく、すこぶる好調です。

早寝早起きは、15年ほど続けている「習慣」です。実は、30代は典型的な夜型人間で、布団に潜り込むのは深夜2時、3時は当たりまえ。しかも4時間睡眠をしいられていました。

２００５年の秋頃、夜間の会合から解放されたのをキッカケに面白半分で始めてみました。これが意外にフィットして、今では自重トレーニングはじめ、後に紹介する他の「習慣」を含め、朝のゴールデンタイムともいえる時間を毎日享受することができています。早起きの秘訣を伝授するなら、とにかく早く寝ること。「習慣」になってしまえば、22時には眠くなりますし、自然と4時には目がさめてしまいます。

3度の食事については、限られた条件の中、美味しく楽しむことに努めています。

朝ご飯は、前夜の残り物を中心にしっかりと。昼ご飯も、探してみれば、１０００円以内で満足させてくれるお店が目白押しです。晩ご飯は、会食というケースも少なくないのですが、自宅で食べる場合とともに、炭水化物の摂取は控えめに、過ぎることなく、楽しんでいます。

◇精神的側面

私が代表幹事をつとめている「中部経営塾」は、2012年の4月に産声をあげて以来、大切にしている勉強会です。立ちあげの際、背中を押してくれたのは、リーダーシップの師、鬼澤慎人さん。経営者を中心としたビジネスパーソン10数名を幹事団に、不定期ながら、名古屋市内を中心に、「リーダーシップ」の勉強会を開催。

過去には、元世界銀行副総裁・西水美恵子さん、立命館アジア太平洋大学学長・出口治明さん（当時は、ライフネット生命会長）にも講師を担っていただき、参加者とともに設営するスタイルで学びの機会を提供してきました。

その「中部経営塾」の理念は、「自らのリーダーは、自分自身」というもの。

Leader in Me. Lead the Self.

を合言葉に、幹事団が、参加者が、与えられた環境の中でリーダーシップを発揮することを活動目的にしています。

そして、第7の習慣「刃を研ぐ」の精神的側面も、人生に自己リーダーシップを発揮することで、最新再生を図ろうとするものです。

① アファメーション

・原則毎日（朝昼晩、最低3回）

・なりたい自分を言葉の力によって疑似体験し、セルフイメージをあげる

② 神仏、祖先に手を合わせる

・原則毎日

・自宅ならびにオフィスの神棚、移動中に立ち寄ることができる神社仏閣

③ 実践読書術、古典・芸術、非日常体験

・実践読書術（毎朝）

・古典、良質な音楽、芸術作品にふれる（折にふれて）

・大峯山登拝／Z会行者講（年に1回）

アファメーションは、はじめてから3年目という、比較的新しい「習慣」です。

きっかけは、経営コンサルタントの先生からすすめられたこと。

アファメーションは、「言葉」のチカラをフル活用し、実際に行動に移すことで、理想とする自分へ歩み寄っていく取り組みです。

「言葉」のチカラを活用するわけですから、なりたい自分を明確に文章化することがスタートです。常にその「言葉」を目で確認し、唱えることができるよう、壁に掲示したり、手帳に書き留めたりして、具体的な行動に落とし込んでいきます。

ちなみに、私の場合、愛用している「バレットジャーナル」に書き込んでいます。

※「バレットジャーナル」については、後ほど詳しく説明します。

大切なポイントは、その内容を秘密にしておくこと。人に知られてしまうと、なりたい自分が今の状態からかけ離れていると、周りの人から「そんなこと無理だよ」、「悪いこと言わないから、止めといた方がいい」等、否定的な意見を浴びせられてしまいます。せっかく、セルフイメージをあげようとしているのに、これでは百害あって一利なしです。

もちろん、なりたい自分が実現したら、その「言葉」を公開することは問題ありません。

ちなみに、私の場合、半年以上前から、

ブランディング関連の書籍を商業出版する

という「言葉」を毎日唱え、セルフイメージを高めていました。

こうして、皆さんの手元に書籍として届けることができたわけですから、アファメーションのチカラを認めざるをえません。

神仏、先祖に手を合わせることは「敬神崇祖」という思いを表した「習慣」です。

手を合わせるだけで、背筋が伸び、気持ちを切り替える意味でも効用があるようです。

実践読書術は、２０１６年７月７日から毎朝続けている、私的になくてはならない「習慣」です。

毎朝１冊、制限時間を設定して向き合い、その名のとおり、当日実践する行動を定めるのです。通常の読書では、情報をインプットすることが主な目的になりますが、実践読書術は、読書をして何をするかを1日の初めに自問自答するものです。

「たくさん知ることができても、やらなければ、何も起こらない」

それを身につけるために、何を勉強したらいいのだろうかという発想ではなく、それを身につけるために、何を行動したらいいのだろうかと、脳のチカラをフル活用し、自分の潜在能力を引き出すというアプローチです。

また、行動につながることのみならず、毎朝取り組むことで、その1日に向き合う力がふつふつと湧きあがってくるという、副産物も手に入れることができます。

古典では、『論語』『老子』『荘子』等の中国古典をはじめ、『7つの習慣』のような、西洋の自己啓発書ともいわれるジャンルの書籍を、折にふれて向き合います。

良質な音楽は、大好きなジャズやポップミュージックの名盤のみならず、最近では、クラシック、特にバロック音楽を嗜む時間が増えました。

精神的側面を培ううえで、若い頃から、良質な書と音楽は欠かせない「習慣」です。

加えて、芸術作品にふれることで、目と心を養うことも心掛けています。

日本では、伊藤若冲。西洋では、モイーズ・キスリングがお気に入りの画家です。

また「敬神崇祖」とは別の意味で、仏教美術への興味もとだえることがありません。

ちなみに私的にお気に入りベスト3は、次の仏像です。

・中宮寺の菩薩半跏像（奈良県生駒郡斑鳩町）
・聖林寺の十一面観音立像（奈良県桜井市）
・浄瑠璃寺の吉祥天立像（京都府木津川市）

大峯山登拝は、Z会行者講が主催する年に一度の体験イベントです。奈良県の山奥にある修験道の聖地・大峯山へ1日かけて登り、山頂近くで、死と隣り合わせの行に勤しむ山の修行です。2013年に5名でスタートしたZ会行者講も、いまでは20名ほどの構成メンバーに拡がりました。

初心者のサポートにまわる場面もある小先達は、大切な役目と自覚しています。また、山に登ることで年に一度の体力チェックにも活用でき、健康管理にも一役買っています。2020年ならびに2021年は、新型コロナウイルス感染症のため修行自体が自粛となり、登拝を断念していました。2022年以降の再開を待ち焦がれるばかりです。

以上、これらの取り組みを重ねることで、自己肯定感を高め、セルフ・リーダーシップが機能しやすい環境を自ら整え、精神的側面を支えています。機能しやすいという意味では、何をはじめるにしても、楽しみながら取り組むことが長く続ける秘訣だと思います。

おかげさまで、いずれもやめられない「習慣」です。

◇**知的側面**

①　読む（読書）

・ビジネス書、教養、趣味・雑学

②　書く（執筆）

・連載コラム『view.cafe「蔵書家の視点」』

・オフィシャルブログ、facebook タイムライン

③　話す（セミナー主催・YouTube 動画配信）

・ブランディング・セミナー

・名古屋ファミリービジネス研究会

・YouTube チャンネル「ブランドジャーナル」

知的側面では、まず、読書という「読む習慣」です。先ほどご紹介した毎朝の実践読書術の取り組み以外に、インプットという目的で楽しんでいます。

ジャンルの配分は、ビジネス関連が4割、古典を含めた教養関連が3割、趣味・雑学関連が3割。

ビジネス関連は、本業の「ブランディング」や「マーケティング」関連のみならず、最新のテクノロジー解説、経営者の伝記等も含まれます。

教養関連は、古典については先ほど精神的側面でふれていましたが、他にも歴史、哲学、宗教、心理学、食文化等の書籍と向き合います。

趣味・雑学関連は、スポーツ（ラグビー、ゴルフ等）、お酒、マンガ本、人からすすめられた普段自分では選ばないジャンルもこちらに分類できます。

おすすめの本については、連載コラム『view.cafe「蔵書家の視点」』でも、月に2回のペースで紹介していますので、ご興味ある方は是非お立ち寄りください。

その「蔵書家の視点」は、執筆という「書く習慣」で取り組んでいるもので、アウトプットの場として重宝しています。

また、ブログについては、セミナー案内を交えて「ブランディング」に特化した内容で、タイムリーな情報発信に努めています。

facebookでは、読了した書籍につき、簡易的な書評を添えてタイムラインに紹介しています。また、日ごろの感謝の気持ちを込めて、お気に入りの食事処を紹介する等、気づきの発信の場としても活用しています。おかげさまで、その投稿を見た方から、おすすめの本や、隠れ家的なお店をご紹介してもらえたり、気づきに対するフィードバックに恵まれたりと、発信することで、有益な情報を得られています。

「話す習慣」では、主催セミナーの講師を務めることで、インプットした情報を整理して発信する場としても活用できています。主催セミナーについては、6年以上継続していますが、リピーターも多いことが励みの1つになっています。

そのセミナーは、新型コロナウイルス感染症拡大をうけ、WEBセミナーに切り替えたところ、参加者も増加傾向ということからお役立ちする機会も広がっている印象です。

パートナーさんとの連携企画では、2017年から同族企業経営者・後継者向けに「名古屋ファミリービジネス研究会」を共同主宰し、「ファミリービジネスのブランディング」という講座を担当しています。研究会では、共通のテーマで意見交換できることも大変有意義で、受講者もその点を高く評価してくれています。また、受講者同士の交流から新しいビジネスの種が生まれ、OB会も発足する等、社会的意義も増し、設営冥利につきるばかりです。

そして、「mini Think Week」から導き出された新たな取り組み、YouTubeチャンネル「ブランドジャーナル」では、「ブランディング」に関する情報につき、わかりやすく面白いコンテンツを制作し動画配信を継続しています。

動画コンテンツは、楽しみながらブラッシュアップを重ね、役に立てる情報発信メディアとして育てあげることが目標です。

以上のとおり、知的側面では「読む、書く、話す」という3つの要素で、バランスを図っています。

◇社会／情緒側面

①　学縁関連

・高校同窓会役員、大学校友会役員

②　志縁関連

・中部経営塾

③　地縁関連

・熱田区をもりあげる会「あった会」

社会／情緒面については、簡単に説明します。

学縁関連については、愛知県立横須賀高等学校の第37回生の代表として、同窓会総務担当を担っています。学校、ＰＴＡ、同窓会が手を携え、令和５年に迎える創立１００周年事業の成功に向け活動を進めています。大学では、明治大学校友会愛知県支部名古屋地域支部の幹事長として、校友会活動の有意義で円滑な運営に向けお手伝いしています。

志縁関連では、先ほどご紹介した、中部経営塾の代表幹事として、10数名の幹事団とともに、セミナーやワークショップをタイムリーに提供しています。新型コロナウイルス感染症の影響で、２０２０年度の前半は例会を取りやめていましたが、社会的意義のある活動という認識から、継続開催へ向け、幹事団の皆さんと協力しています。

最後に地縁関係のご紹介です。「あった会」は、名古屋市熱田区に在住もしくは事業拠点を持つ経営者の団体です。名古屋の街の歴史は熱田からはじまるともいえ、その歴史、文化への教養を学び、地元熱田の価値を高める活動を通じて、各々のビジネスの価値を高めることを目的に掲げています。２０２０年・２０２１年度、私が会長職を担当していますが、名古屋商工会議所金山南支部様のサポートも万全でリモート例会にも取り組み、こちらも社会的意義の高い活動と位置づけ楽しんで向き合っています。

以上、「刃を研ぐ習慣」につき、私の取り組みを駆け足ながら紹介しました。

そして、最後にきわめつけの「習慣」をお伝えして「習慣」紹介の結びとします。

それは、「バレットジャーナル」です。

バレットジャーナル

「バレットジャーナル」とは、好みのノートとペンで、オリジナルのカレンダーや、予定、目標、日記、覚書等を書き込んでいく手帳術のことです。

ニューヨーク在住のデジタルプロダクト・デザイナー、ライダー・キャロル氏が考案し、

2013年その使い方の動画を公開したところ一大ブームとなり、日本でも2017年頃から、関連本等でも紹介されるようになりました。

「バレット：bullet」とは、銃弾。

「ジャーナル：journal」とは、日誌、日記。

直訳すると、銃弾日誌、銃弾日記となってしまい、なんだか物騒な印象ですが、銃弾とは箇条書きの頭につける記号「・」を意味します。つまり「バレットジャーナル」とは、箇条書きでつける日誌、日記という意味です。

日本では、考案者のラーダー・キャロル氏、ご本人の手による公式ガイド本が、2019年4月に発売され、私も翌5月から取り組み始めましたが、今ではすべての「習慣」をつかさどる「自分の分身」ともいえる存在です。

振り返ると、手帳を活用する「習慣」は学生時代から採り入れていました。古くは能率手帳。社会人になってからはシステム手帳に手を出し、様々なフォーマットを試しながら楽しんでいました。『7つの習慣』の影響から、2005年「フランクリン・プランナー」に開眼し、活用セミナーも受講してブラッシュアップを重ねていました。

その後、持ち歩くには余りにも重すぎることから（2か月分のバインダーで数キロの重さという大型のクラシック版を愛用）、『7つの習慣』と「フランクリン・プランナー」で培ったノウハウを、我流ながら「トラベラーズ・ノート」に展開していました。

そんな遍歴を経て、2019年「バレットジャーナル」に邂逅することになりましたが、今ではすべての「習慣」をつかさどる「自分の分身」ともいえる存在です。

「バレットジャーナル」に使用するノートは、好みのノートとお伝えしたとおり、特に決まっているわけではありません。私のオススメは、A5サイズのドット方眼ノートです。既成の手帳ではないので、カレンダーや予定を書き込むフォーマットは、自分で作成する必要があります。ひょっとすると「バレットジャーナル」をはじめるにあたり大きなハードルは、自由自在が過ぎるところにあるかもしれません。

カレンダーや予定、メモ機能だけでなく、おこづかい帖、体重、体温、読書メモ、映画の感想、旅行の計画、ビジネスのアイデアや覚書、人生のミッション、目標設定等、自分に関わることをとにかく書き込んでいきます。

目覚めたら直ぐに起床時間を、布団に入る直前には就寝時間を書き込み、振り返り日記としての役割も担っています。また、これまでご紹介した「習慣」すべてを記録する「ハビット・トラッカー」としての機能に加え、プライベートからビジネスまで、とにかく思いついたことを書き留めます。

「自分の分身」という表現が決して大架裟でないことが伝われば、大変有意義です。

そして「バレットジャーナル」の本質を理解するには、考案者のライダー・キャロル氏の著書『バレットジャーナル 人生を変えるノート術』（ライダー・キャロル著、栗木さつき訳、ダイヤモンド社）を手にとっていただくことが早道でしょう。そこには、単なる手帳術本とは一線を画すメッセージが満載です。

・本当に意味のあることに集中する
・自分に正直に生きる
・手書きが結局いちばん効果的
・夢中になれることを探すのが幸福への近道
・継続にこそ意味がある
・人生を変える力は自分の中にある

これらのフレーズが、ご自身の琴線に触れるようなら、ご一読をオススメいたします。

そして『7つの習慣』には、こんな教えが盛り込まれています。

習慣は、知識（何をするか、なぜするか）、スキル（どうやってするか）、やる気（やってみたいという思い）という3つの要素からなっている。

すべてがそろっているあなたなら、取り組む以外選択肢はありません。

「ブランディング」という、かけがえのない「習慣」に。

Time is Life. 時は命なり

「Time is Money. 時は金なり

という金言は、

「Time is Life. 時は命なり

という考えに、すっかり置き換えられてしまった印象です。

限られた時間の中で、自身ならびに自社のあるべき姿を実現するには「ブランディング」に真摯に取り組むことが早道です。

「ブランディング」をより深く知りたいと思ったら、今すぐにでも、巻末にも掲載した次のキーワードで検索してみてください。あなたの役に立つ情報が見つかるはずです。

※ Google「サンコー　伝える」

YouTube チャンネル「ブランドジャーナル」

facebook「サンコー　ブランディング」

しかし私どものキャパシティにも限界があり、リモート・ツールを駆使できたとしても、お待ちいただくこともあるでしょう。その場合は、私が基本を学んだ、一般財団法人ブランド・マネージャー認定協会のサイトで情報を得てみてください。

一般財団法人ブランド・マネージャー認定協会　https://www.brand-mgr.org/

いずれにしても、学んで気づきがあれば、アクションに移すことが大切です。

「したい人、１０，０００人。始める人、１００人。続ける人、１人」。

セミナーを受講したり、本読んで自分もやってみたいなあと思う人が１万人いたとしたら、実際に始める人はその内１００人ほど。

しかも、それを継続できるのはただ1人。

「ブランディング」に興味をいだき、一歩前に踏み出したい、そんな気持ちが芽生えたなら、まずはあなたがその１００人になりましょう。

そして、あなたが諦めず「ブランド」を構築し、継続できる1人になるまで、本書は伴走し続けます。

私の、この思いとともに。

「ブランディングは中小企業を救う！　日本を救う！」

「未来ある中小企業をブランディングで支えたい！」

あとがき

大変革の時代を迎えた２０２０年代の幕あけというタイミングで、書籍出版の機会に恵まれたことは、運命としかいいようがありません。

その運命の扉を開いてくれたのは、メンターともいえる税理士法人プラザシップ代表、加藤義昭先生の
『あなたが取り組んでいる仕事は、「ブランディング」ではないですか？』

この一言でした。

そして、本書は、有限会社インプルーブ・小山睦男社長との10年ぶりの再会がなければ実現しませんでした。

「ブランディングの師匠」、一般財団法人ブランド マネージャー認定協会エキスパートトレーナー平野朋子さんには、ビジネスのサポートを含め大変お世話になりました。

その一般財団法人ブランド・マネージャー認定協会で同じ釜の飯を食べ、切嵯琢磨を重ねた 株式会社 ＫＯＭ デザインラボ・高木純社長をはじめとする同志の方々、そのほか多くの皆様の支えをいただき本書を発行できたことに、大変感謝しています。

また、数々のクリエティブ実績を誇るアートディレクター・三浦路夫さんと意気投合し、

「すべての商いにブランディングを」という理念を掲げ、2021年度下半期よりブランディングチーム「D2B」プロジェクトが始動します。未来ある日本の企業経営者の皆さんへ向け、より上質なブランディング支援サービスを提供すべく、日々精進を重ねているところです。

取材にご協力くださった熊崎宏重さん、加藤正和さん、竹内亮さん、本書の編集を担当してくださったセルバ出版社に厚く御礼を申し上げます。

日々業務をサポートいただく株式会社サンコーの社員の皆さん、本書を手に取ってくださった読者の皆さん、また、デキの悪い息子にかかわらず会社を任せてくれた父、支えてくれる家族に、心から感謝申し上げます。

むすびとして、改めてこの思いを、しっかりと書き添えておきます。

「ブランディングは中小企業を救う！　日本を救う！」

「未来ある中小企業をブランディングで支えたい！」

２０２１年（令和３年）半夏生　第３刷発行にあたり

未来ある中小企業をブランディングで支えるブランドマネージャー　櫻山　貴文

著者略歴

櫻山　貴文（さくらやま　たかふみ）

株式会社サンコー代表取締役　https://p-sankoh.co.jp/

ビジョン「ブランディングは中小企業を救う！日本を救う！」のもとミッション「未来ある中小企業をブランディングで支えたい！」という信条をかかげ、企業の経営課題解決へ向け、経営者と伴走するブランド・マネージャー。

大学卒業後、富士通株式会社でシステム営業を担当。1994 年父が経営する印刷会社に U ターン転職。2003 年 11 月代表取締役に就任。トライ＆エラーを重ね、ファブレスを選択し業態変革。現在は中小企業ブランディング業務に特化し、経営者の伴走役として活躍中。

一般財団法人ブランド・マネージャー認定協会 1 級資格取得者、経営品質協議会認定セルフアセッサー（2003 年度より）、一般社団法人ほめる達人協会ほめ達検定 3 級、明治大学校友会名古屋地域支部幹事長兼広報委員会委員長、愛知県立横須賀高校同窓会総務、熱田区をもりあげる会「あった会」会長（2020-2021 年度）、中部経営塾代表幹事。

ブランディングチーム「D2B」 https://d2b.jp/

Google「サンコー　伝える」

YouTube チャンネル「ブランドジャーナル」

facebook「サンコー　ブランディング」


ブランディングは中小企業を救う！

思考を習慣化する心理学

2020年 8 月19日　初版発行　　2021年 7 月14日　第 3刷発行

著　者　櫻山　貴文　© Takafumi Sakurayama

発行人　森　　忠順

発行所　株式会社 セルバ出版
〒 113-0034
東京都文京区湯島 1 丁目 12 番 6 号 高関ビル 5 B
☎ 03（5812）1178　　FAX 03（5812）1188
https://seluba.co.jp/

発　売　株式会社 創英社／三省堂書店
〒 101-0051
東京都千代田区神田神保町 1 丁目 1 番地
☎ 03（3291）2295　　FAX 03（3292）7687

印刷・製本　株式会社 丸井工文社

●本書の内容に関する質問は FAX でお願いします。

Printed in JAPAN
ISBN978-4-86367-599-5